Mon livre de jeux d'intérieur

Clarence Squareman

Writat

Cette édition parue en 2024

ISBN : 9789359942735

Publié par
Writat
email : info@writat.com

Contenu

INTRODUCTION

"Laissez l'enfant s'imprégner du plein esprit de jeu. Il n'y a rien de tel pour le maintenir sur le chemin de la santé, de la bonne pensée et du développement de l'esprit."

C'est le propos directeur de l'auteur. Le lecteur trouvera dans cet ouvrage une collection de jeux anciens et actuels. L'étudiant de Play a compris depuis longtemps qu'il n'y a pas de nouveaux jeux, que tous nos jeux d'aujourd'hui sont construits sur les anciens.

Le but de Mon Livre de Jeux d'Intérieur est de fournir du divertissement, du divertissement et d'être un moyen de sociabilité. Très souvent, la question revient : « Que devons-nous faire ? » Dans de nombreux cas, ce livre sert uniquement de rappel, les jeux et astuces de société sont bien connus mais ne peuvent être rappelés au moment critique. Une combinaison, comme celle-ci, des meilleurs jeux anciens et d'une liste soigneusement établie des jeux d'aujourd'hui fournira une aide précieuse aux jeunes dans leur recherche de divertissement et d'amusement.

Mais le livre sera également utile aux adultes. L'auteur a vu des gens sérieux et respectables jouer à "Lubin Loo" avec autant d'enthousiasme et d'entrain que le plus jeune groupe d'enfants. Nous avons tous joué à « Going to Jerusalem ». L'esprit doit être là ; il n'y a rien de plus contagieux que l'esprit de jeu.

Hide-then go seek

JEUX D'INTÉRIEUR

Faites tourner la trancheuse

C'est un jeu auquel presque tous les enfants peuvent jouer.

Les joueurs s'assoient en cercle et chacun prend le nom d'une ville, d'une fleur, ou de tout ce qui a été préalablement convenu. L'un des membres du groupe se tient au milieu du cercle, avec une petite trancheuse en bois, ou serveur, la place sur son bord et la fait tourner, en criant ce faisant le nom qu'un des joueurs a pris. La personne nommée doit sauter et saisir la trancheuse avant qu'elle ne cesse de tourner, mais si elle n'est pas très rapide, la trancheuse tombera au sol, et elle devra alors payer un forfait. C'est alors à son tour de faire tourner la trancheuse.

Un jeu très similaire à celui-ci est "My Lady's Toilet". La seule différence est que chaque joueur doit prendre le nom d'un article vestimentaire d'une femme, comme un châle, une boucle d'oreille, une broche, un bonnet, etc.

Questions croisées et réponses tordues

Pour jouer à ce jeu, il est préférable de s'asseoir en cercle et jusqu'à la fin du jeu, personne ne doit parler à voix basse.

Le premier joueur murmure une question à son voisin, telle que : "Tu aimes les roses ?" Cette question appartient désormais au deuxième joueur, et il doit s'en souvenir.

Le deuxième joueur répond : « Oui, ils sentent si bon » et cette réponse appartient au premier joueur. Le deuxième joueur pose désormais une question à son voisin en prenant soin de retenir la réponse, car elle lui appartiendra. Peut-être a-t-il demandé à son voisin : « Aimes-tu les pommes de terre ? » et la réponse aurait pu être : « Oui, quand ils sont frits !

De sorte que le deuxième joueur a maintenant une question et une réponse qui lui appartiennent, dont il doit se souvenir.

Le jeu continue jusqu'à ce que chacun ait posé une question et donné une réponse, et chaque joueur doit être sûr et garder à l'esprit que c'est la question qui lui est posée et la réponse que donne son voisin qui lui appartiennent.

A la fin de la partie, chaque joueur donne à voix haute sa question et sa réponse, de la manière suivante :

"On m'a demandé : 'Aimez-vous les roses ?' et la réponse a été : 'Oui, quand ils sont frits !'". Le joueur suivant dit : "On m'a demandé : 'Tu aimes les pommes de terre ?' et la réponse a été : 'Oui, elles sont très jolies, mais elles ne se portent pas bien.'"

<hr>

Oranges et citrons

Deux des joueurs se donnent la main, se faisant face, après s'être mis d'accord en privé sur les « Oranges » et les « Citrons ». Le reste du groupe forme une longue file, se tenant les uns derrière les autres et se tenant mutuellement par leurs robes ou leurs manteaux. Les deux premiers lèvent les mains pour former un arc, et les autres courent au travers en chantant :

"Oranges et citrons,

Dites les cloches de Saint-Clément ;

Tu me dois cinq sous,

Dites les cloches de Saint-Martin ;

Quand me paieras-tu ?

Dites les cloches d'Old Bailey.

Je ne sais pas,

Dit la grosse cloche de Bow.

Voici un hachoir pour vous éclairer jusqu'au lit !

Voici un hachoir pour vous couper la tête !"

Au mot « tête », l'arcade de la main descend et enserre le joueur qui passe à ce moment-là ; on lui demande alors à voix basse : « Oranges ou citrons ? et s'il choisit « oranges », on lui dit de se placer derrière le joueur qui a accepté d'être « oranges » et de le serrer autour de la taille.

Les joueurs doivent veiller à parler à voix basse, afin que les autres ne sachent pas ce qui a été dit.

Le jeu continue ensuite, de la même manière, jusqu'à ce que tous les enfants aient été attrapés et aient choisi lesquels ils seront, des « oranges » ou des « citrons ». Lorsque cela se produit, les deux parties se préparent à une lutte acharnée. Chaque enfant serre fermement celui qui lui fait face et les deux animateurs tirent de toutes leurs forces, jusqu'à ce qu'un côté ait entraîné l'autre au-delà d'une ligne tracée entre eux.

Chaises musicales ou aller à Jérusalem

Ce jeu doit être joué dans une pièce où se trouve un piano.

Disposez quelques chaises, dos à dos, au centre de la salle, en laissant une chaise de moins que le nombre de joueurs. Quelqu'un commence à jouer un air, et aussitôt les joueurs se mettent à marcher ou à courir autour des chaises, au son de la musique.

Lorsque la musique s'arrête, chaque joueur doit essayer de trouver une place, et comme il manque une chaise, quelqu'un n'y parviendra pas et est appelé « put ». Il doit emporter une chaise avec lui et le jeu continue jusqu'à ce qu'il ne reste qu'une seule personne assise, sans chaise sur laquelle s'asseoir. Cette personne a gagné la partie.

L'alphabet du voyageur

Les joueurs s'assoient en rang et le premier commence par dire : « Je pars en voyage à Athènes », ou n'importe quel endroit commençant par A. Le suivant demande : « Que vas-tu faire là-bas ? Les verbes, adjectifs et noms utilisés dans la réponse doivent tous commencer par A ; comme « Amusez les auteurs en difficulté avec des anecdotes ». Si le joueur répond correctement, c'est au tour du joueur suivant ; il dit peut-être : « Je vais à Bradford. "Ce qu'il faut y faire?" "Pour rapporter du pain et du beurre." Un troisième dit : « Je vais à Constantinople ». "Ce qu'il faut y faire?" "Pour transporter des chats satisfaits." Celui qui commet une erreur doit payer un forfait.

Le coach familial

C'est un très bon vieux jeu, et il est très amusant si vous parvenez à trouver quelqu'un qui soit un bon conteur.

Les joueurs s'assoient en cercle et chacun, à l'exception du conteur, prend le nom d'une partie d'un car ou de ses équipements ; par exemple, porte, marche, roues, rênes, siège, etc.

Quand tout est prêt, le conteur commence l'histoire d'un vieux carrosse et de ce qui lui est arrivé, comment il a fait un voyage, a échoué, a été réparé et est reparti. L'histoire doit être racontée couramment, mais pas trop rapidement. Chaque fois qu'une partie quelconque de l'entraîneur est mentionnée, le joueur qui a pris ce nom doit se lever de son siège puis se rasseoir.

Chaque fois qu'on parle de « l'entraîneur », tous les joueurs, à l'exception du conteur, doivent se lever. Quiconque ne respecte pas ces règles devra payer un forfait.

Lâche le mouchoir

Un cercle est formé par les joueurs qui se donnent la main, tandis qu'un enfant, qui doit « laisser tomber le mouchoir », est laissé dehors. Il fait le tour du ring, touche chacun avec le mouchoir, en disant les mots suivants :

"J'ai écrit une lettre à mon amour,

Mais en chemin, je l'ai laissé tomber ;

Un petit enfant l'a ramassé

Et mettez-le dans sa poche.

Ce n'était pas toi, ce n'était pas toi,

Ce n'était pas toi, mais c'était toi.

Lorsqu'il dit : « C'était toi », il doit laisser tomber le mouchoir derrière l'un des joueurs, qui le ramasse et le poursuit autour du ring, à l'extérieur et sous les mains jointes, jusqu'à ce qu'il puisse le toucher avec le mouchoir. Dès que cela se produit, le premier joueur rejoint le ring, tandis que c'est maintenant au tour du second de « laisser tomber le mouchoir ».

Musique magique

L'un des joueurs est expulsé de la pièce et les autres se mettent alors d'accord sur une tâche simple à accomplir, comme déplacer une chaise, toucher un ornement ou trouver un objet caché. Elle est alors appelée et quelqu'un commence à jouer du piano. Si l'interprète joue très fort, le « chercheur » sait qu'il n'est pas à proximité de l'objet qu'il doit rechercher. Quand la musique est douce, alors elle sait qu'elle est très proche, et quand la musique s'arrête complètement, elle sait qu'elle a trouvé l'objet qu'elle était censée chercher.

Bourdonner

C'est un jeu très ancien, mais il reste toujours un très grand favori. Plus il y a de joueurs, plus c'est amusant. La façon de jouer est la suivante : les joueurs s'assoient en cercle et commencent à compter à tour de rôle, mais lorsque le nombre 7 ou tout nombre dans lequel le chiffre 7 ou n'importe quel multiple de 7 est atteint, ils disent "Buzz". quel que soit le nombre. Comme, par exemple, en supposant que les joueurs aient compté jusqu'à 12, le joueur suivant dira "13", le prochain "Buzz" car 14 est un multiple de 7 (deux fois 7) - le joueur suivant dira alors "15" le prochain "Buzz". suivant "16", et le suivant dira bien sûr "Buzz" car le chiffre 7 apparaît dans le nombre 17. Si l'un des joueurs oublie de dire "Buzz" au moment opportun, il est éliminé. Le jeu recommence ensuite avec les joueurs restants, et ainsi de suite jusqu'à ce qu'il ne reste qu'une seule personne. Si l'on y prend grand soin, les nombres peuvent être comptés jusqu'à 70, ce qui, selon les règles mentionnées ci-dessus, s'appellerait bien sûr Buzz. Les nombres se poursuivraient alors comme Buzz 1, Buzz 2, etc., jusqu'à 79, mais il est très rare que ce stade soit atteint.

"J'ai formé mon fils en apprentissage."

La meilleure façon de décrire ce jeu est de donner une illustration de la façon dont on y joue. Le premier joueur pense à « Artichaut » et commence : « J'ai mis mon fils en apprentissage chez un marchand de légumes et la première chose qu'il a vendue était un A. »

Deuxième joueur : « Apple ? "Non."

Troisième joueur : « Des amandes ? "Non."

Quatrième joueur : « Des asperges ? "Non."

Cinquième joueur : « Artichaut ? "Oui."

Le dernier joueur, après avoir deviné correctement, peut désormais faire l'apprentissage de son fils. Aucun joueur n'a le droit de deviner plus d'une fois.

Chat et souris

Les enfants sont assis sur deux rangées l'une en face de l'autre avec un espace entre elles. Un enfant prend la place du « chat », ayant les yeux bandés, et un autre prend la place de la « souris », et a également les yeux bandés, le chat se tenant à une extrémité de la rangée et la souris à l'extrémité opposée. Ils partent dans des directions opposées, se guidant près des chaises, le chat essayant d'attraper la souris. Lorsque la souris est attrapée, elle devient un chat et un membre de la compagnie prend la place de la souris.

Le roi des mers

Ce jeu peut être joué par n'importe quel nombre d'enfants. Ils procèdent en choisissant d'abord l'un des membres du groupe pour agir comme le Sea King, dont le devoir est de se tenir au centre d'un anneau formé par les joueurs assis autour de lui. Le cercle doit être le plus grand possible. Chacun des joueurs ayant choisi le nom d'un poisson, le Roi parcourt le ring en les appelant par les noms qu'ils ont choisis.

Chacun, en entendant son nom appelé, se lève aussitôt et suit le roi, qui, lorsque tous ses sujets ont quitté leur siège, crie : « La mer est troublée », et s'assoit brusquement. Son exemple est immédiatement suivi par ses sujets. Celui qui ne parvient pas à obtenir un siège doit alors prendre la place du roi et le jeu continue.

Buff dit "Baff"

C'est un jeu dans lequel personne n'a le droit de sourire ou de rire. Tous les joueurs, sauf un, sont assis en rangée ou en demi-cercle ; on sort de la chambre et on revient avec un bâton ou un tisonnier à la main, et un visage très grave et solennel. Il est censé revenir tout juste d'une visite à Buff. Le premier joueur lui demande : « D'où viens-tu ? "De Buff." Le suivant demande : « Vous a-t-il dit quelque chose ? A quoi la réponse est :

"Buff a dit 'Baff',

Et m'a donné ce bâton,

Me disant de ne ni sourire ni rire.

Buff dit "Baff" à tous ses hommes,

Et je te dis encore 'Baff'.

Et il ne rit ni ne sourit,

Malgré toutes tes ruses,

Mais porte son visage de très bonne grâce,

Et passe son bâton à l'endroit suivant."

S'il peut répéter tout cela sans rire, il remet son bâton à quelqu'un d'autre et prend place ; mais s'il rit, ou même sourit, il paie un forfait avant d'y renoncer.

Buff de l'aveugle

Dans les temps anciens, ce jeu était connu sous le nom de "Hood-man Blind", car à cette époque, l'enfant choisi pour être "aveugle" avait une capuche placée sur sa tête, qui était attachée à l'arrière du corps. cou.

De nos jours, le jeu s'appelle "Blind Man's Buff" et il est très populaire parmi les jeunes.

Avant de commencer à jouer, le milieu de la pièce doit être dégagé, les chaises placées contre le mur et tous les jouets et repose-pieds mis à l'écart. L'enfant sélectionné pour être "Blind Man" ou "Buff" a les yeux bandés. On lui pose alors la question : « Combien de chevaux votre père possède-t-il ? La réponse est « Trois » et à la question : « De quelle couleur sont-ils ? il répond : « Noir, blanc et gris ». Tous les joueurs crient alors : « Retournez-vous trois fois et attrapez qui vous pouvez. Buff tourne en conséquence et le plaisir commence. Il essaie d'attraper les joueurs, tandis que ceux-ci font tout leur possible pour échapper à "Buff", en émettant tout le temps des petits bruits pour l'attirer. Cela continue jusqu'à ce qu'un des joueurs soit attrapé, lorsque Buff, sans se faire retirer le pansement de ses yeux, doit deviner le nom de la personne qu'il a sécurisée. Si la supposition est correcte, le joueur qui a été attrapé prend le rôle de "Buff", et l'ancien "Buff" rejoint les rangs des joueurs.

Le chat dans le coin

Ce jeu est en réalité réservé à cinq joueurs, mais, grâce à un petit arrangement, six ou sept enfants peuvent prendre part à la fête.

Quatre joueurs prennent place dans les différents coins de la salle, tandis que le cinquième se tient au milieu. Si un plus grand nombre d'enfants souhaitent jouer, d'autres parties de la pièce doivent être appelées « coins », afin qu'il y ait un coin pour chacun.

Le plaisir consiste pour les joueurs à essayer de changer de place sans se faire prendre ; mais ils sont tenus d'appeler d'abord « Puss, puss » et de faire signe à celui avec qui ils souhaitent changer. Dès qu'ils quittent leurs coins, le joueur au centre tente de pénétrer dans l'un d'eux.

Lorsque le joueur du centre parvient à se placer dans un coin, celui qui a été
déplacé doit prendre place au milieu de la salle.

Le facteur

Pour ce jeu, tous les joueurs, sauf deux, s'assoient en cercle. L'un des deux
exclu a les yeux bandés et s'appelle le « facteur », l'autre s'appelle le « ministre
des Postes ». Chacun des joueurs assis dans le cercle choisit le nom d'une
ville, que le « Maître général des Postes » note sur un bout de papier pour ne
pas l'oublier. Il appelle ensuite les noms de deux villes, ainsi : « Le poste
d'Aberdeen à Calcutta ». Immédiatement, les joueurs qui ont pris ces noms
doivent changer de place, et ce faisant, le "Facteur" doit tenter d'en attraper
un. S'il y parvient, il prend place dans le cercle en ayant choisi une ville pour
son nom, et celui qui est attrapé devient "Facteur" à sa place. Parfois, le
"Poste général" est appelé, alors que tous doivent changer de place, et le
"Facteur" est alors presque sûr de gagner une place.

Le nain

C'est un jeu des plus amusants s'il est bien mené. Les deux interprètes doivent
être cachés derrière deux rideaux devant lesquels une table a été placée.

L'un des artistes glisse ses mains dans les chaussettes et les petites chaussures
d'un enfant. Il doit alors se dissimuler le visage, en mettant une fausse
moustache, en se maquillant les sourcils, en collant des morceaux de plâtre

noir sur une ou deux de ses dents, ce qui donnera l'impression qu'il a perdu plusieurs dents. Celui-ci, avec un turban sur la tête, constituera un très joli déguisement. Le second interprète doit maintenant se placer derrière le premier et passer ses bras autour de lui, de sorte que les mains du second interprète ressemblent aux mains du nain, tandis que les mains du premier interprète font ses pieds. Le personnage doit bien entendu être habillé avec soin et le corps du second interprète doit être caché derrière les rideaux.

Le joueur avant pose maintenant ses mains glissées sur la table et commence à compter le temps, tandis que l'autre interprète emboîte le pas avec ses mains.

Le nain peut être utilisé soit pour prédire l'avenir, faire des blagues ou poser des énigmes, et si les interprètes jouent bien leur rôle, les invités riront de bon cœur.

Comment, quand et où

L'un des membres de la compagnie sort de la pièce, tandis que les autres choisissent un mot à deviner, celui qui a deux ou trois significations différentes étant le meilleur.

Nous supposerons que le mot « Printemps » a été pensé. Lorsque la personne qui se trouve à l'extérieur de la pièce est rappelée, elle demande successivement à chacun : « Comment trouvez-vous cela ? » Les réponses peuvent être « Sec » (c'est-à-dire la saison), « Froide et claire » (une source d'eau), « Fort » (un ressort de montre) et « Haut » (un saut). La question suivante est : « Quand l'aimez-vous ? Les réponses peuvent être : « Quand je suis à la campagne », « Quand j'ai soif », « Quand ma montre est cassée ».

La question suivante est : « Où aimez-vous ça ? et les réponses peuvent être : « N'importe où et partout », « Par temps chaud », « Dans l'horloge ». Le jeu consiste à essayer de deviner le mot après l'une des réponses, et si c'est vrai, le dernier joueur interrogé prend la place de celui qui devine ; en cas d'erreur, la personne qui pose la question doit réessayer.

Vieux soldat

Old Soldier est un jeu pour les jeunes enfants, et bien qu'il semble très simple, il contient pourtant beaucoup de plaisir. L'un des enfants se fait passer pour un vieux soldat et mendie tour à tour auprès de chacun des autres joueurs, disant qu'il est « pauvre, vieux et affamé », et demandant ce qu'ils vont faire pour lui ou lui donner. En répondant au Vieux Soldat, personne ne doit prononcer les mots : « Oui », « Non », « Noir » ou « Blanc », et il faut lui répondre immédiatement et sans hésitation. Quiconque ne répond pas immédiatement ou utilise l'un des mots interdits devra payer un forfait.

Bob Major

Deux des joueurs s'assoient et on leur met sur la tête un tissu assez grand pour qu'ils ne voient rien. Alors deux autres personnes leur tapent sur la tête avec de longs rouleaux de papier qu'ils ont à la main et demandent, d'une voix feinte : « Qui vous fait bouger ? Si l'un ou l'autre de ceux qui ont été touchés répond correctement, il change de place avec celui qui l'a touché.

Crambo stupide

Divisez la société en deux parties égales, la moitié sortant de la salle ; les joueurs restants doivent ensuite sélectionner un mot, qui devra être deviné par ceux qui se trouvent à l'extérieur de la porte. Lorsque le mot a été choisi – disons, par exemple, le mot « volonté » – les participants à l'extérieur de la salle sont informés que le mot qu'ils doivent deviner rime avec « jusqu'à ». Une consultation a alors lieu, et ils peuvent penser que le mot est « malade ». La compagnie entre alors et commence à jouer le mot « malade », mais sans prononcer un mot. Le public, lorsqu'il reconnaît le mot interprété, siffle immédiatement, et les acteurs se retirent alors et pensent à un autre mot.

Ainsi le jeu continue jusqu'à ce que le mot juste soit trouvé, lorsque les personnes restées dans la pièce frappent dans leurs mains. Le public change alors de place avec les acteurs.

Métiers

Chaque joueur doit choisir un métier et faire semblant d'y travailler. Par exemple, s'il est tailleur, il doit faire semblant de coudre ou de repasser ; s'il est forgeron, marteler, etc. L'un est le roi, et lui aussi choisit un métier. Chacun travaille aussi dur qu'il peut jusqu'à ce que le roi abandonne soudainement son métier et reprenne celui de quelqu'un d'autre. Alors tout doit s'arrêter, sauf celui dont le roi a pris les affaires, et il doit commencer par le travail du roi. Les deux continuent jusqu'à ce que le roi choisisse de retourner à son propre métier, alors que tous recommencent à travailler. Celui qui ne cessera pas son travail ou ne recommencera pas au moment opportun devra payer un forfait.

Un jeu de métiers un peu plus élaboré et plus vivant est joué par chaque garçon du groupe choisissant un métier qu'il est censé exercer. Le leader doit inventer une histoire et, placé au milieu, doit la raconter à l'entreprise. Il doit parvenir à faire venir un certain nombre de noms de métiers ou d'entreprises

; et chaque fois qu'un commerce est mentionné, la personne qui le représente doit nommer sur-le-champ quelque article vendu dans la boutique.

Le maître d'école

C'est toujours un jeu préféré. L'un des joueurs est choisi comme maître d'école et les autres, rangés en ordre devant lui, forment la classe. Le maître peut ensuite examiner la classe dans n'importe quelle branche d'enseignement. Supposons qu'il choisisse Géographie, il doit commencer par l'élève qui est en tête de la classe et demander le nom d'un pays ou d'une ville commençant par A. Si l'élève ne répond pas correctement avant que le maître n'ait compté dix, il demande au L'élève suivant qui, s'il répond correctement, disons par exemple « Amérique » ou « Amsterdam », arrive en tête de la classe. Le maître d'école peut ainsi parcourir l'alphabet soit régulièrement, soit au hasard, à sa guise. N'importe quel sujet — noms de rois, de reines, de poètes, de soldats, etc. — peut être choisi. Les questions et réponses doivent suivre le plus rapidement possible. Celui qui ne répond pas à temps paie un forfait.

Règle du contraire

C'est un jeu simple pour les petits enfants. On y joue soit avec un mouchoir de poche, soit, si plus de quatre veulent jouer, avec une nappe ou un petit drap. Chacun s'empare du tissu ; le meneur du jeu le tient de la main gauche, tandis que de la droite il fait semblant d'écrire sur le tissu en disant : « Ici, nous tournons selon la règle du contraire. Quand je dis : « Tiens bon », lâche-toi ; et quand je dis 'Lâchez prise', tenez bon." Le chef crie alors l'un ou l'autre des commandements, et les autres doivent faire le contraire de ce qu'il dit. Celui qui échoue doit payer un forfait.

Simon dit

Asseyez-vous en cercle et choisissez l'un des membres de l'entreprise comme leader, ou Simon. Son devoir est d'ordonner de faire toutes sortes de choses différentes, les plus drôles, les meilleures, auxquelles il ne faut obéir que lorsque l'ordre commence par « Simon dit ». Comme par exemple « Simon dit : " Bravo ! » » auquel, bien sûr, tous obéissent ; puis vient peut-être : « Bravo ! » ce qui ne devrait pas être obéi, car l'ordre ne commençait pas par « Simon dit ».

Chaque fois que cette règle est oubliée, un forfait doit être payé. « Mains sur les yeux », « Frapper du pied droit », « Tirer l'oreille gauche », etc., sont le genre d'ordres à donner.

L'attrape-oiseaux

Pour jouer à ce jeu, vous devez d'abord décider lequel d'entre vous sera l'attrape-oiseaux ; les autres joueurs choisissent alors chacun le nom d'un oiseau, mais personne ne doit choisir la chouette, car c'est interdit. Tous les joueurs s'assoient alors en cercle, les mains sur les genoux, sauf l'Oiseleur, qui se tient au centre, et raconte une histoire d'oiseaux en prenant soin de mentionner spécialement ceux qu'il sait avoir été choisis par la compagnie. . Lorsque le nom de chaque oiseau est appelé, le propriétaire doit imiter sa note du mieux qu'il peut, mais lorsque le hibou est nommé, toutes les mains doivent être mises derrière les chaises et y rester jusqu'à ce que le nom de l'oiseau suivant soit prononcé. Lorsque l'Oiseleur crie « Tous les oiseaux », les joueurs doivent ensemble donner leurs différentes imitations d'oiseaux. Si un joueur ne parvient pas à pousser le cri lorsque son oiseau est nommé, ou oublie de mettre ses mains derrière sa chaise, il doit changer de place avec Bird-catcher.

Rouleau français

De nombreux enfants peuvent jouer à ce jeu. Un joueur est appelé l'acheteur, les autres forment une ligne devant lui et se saisissent les uns les autres. Le premier de cette lignée s'appelle le boulanger, le dernier le petit pain français. Ceux entre les deux sont censés être le four. Lorsqu'ils sont tous en place, l'acheteur dit au boulanger : « Donnez-moi mon petit pain français ». Le boulanger répond : "C'est au fond du four". L'acheteur va le chercher, lorsque le petit pain français commence à couler du fond du four, et s'approche du boulanger en appelant tout le temps : « Qui court ? Qui court ? L'acheteur peut courir après lui, mais si le petit pain français arrive en premier en haut de la file, il devient boulanger et le dernier dans la file est le petit pain français. Cependant, si l'acheteur attrape le petit pain français, le petit pain français devient acheteur et l'acheteur prend la place du boulanger.

La porte du jardin

The Garden Gate est un très joli jeu. Un anneau est formé de tous les joueurs sauf un, qui se tient au milieu. Les autres dansent trois fois autour d'elle, et quand ils s'arrêtent, elle se met à chanter :

"Ouvrez grand la porte du jardin, la porte du jardin, la porte du jardin,

Ouvre grand la porte du jardin et laisse-moi passer. »

Le cercle danse alors à nouveau autour d'elle en chantant :

"Prenez la clé du portail du jardin, du portail du jardin, du portail du jardin,

Prenez la clé du portail du jardin, ouvrez-le et laissez-vous passer."

La jeune fille à l'intérieur du cercle, faisant semblant de sangloter, répond :

"J'ai perdu la clé du portail du jardin, le portail du jardin, le portail du jardin,

J'ai perdu la clé du portail du jardin et je ne peux pas passer."

Mais les danseurs dansent autour d'elle en chantant :

"Alors tu pourras rester toute la nuit à l'intérieur de la porte, à l'intérieur de la porte, à l'intérieur de la porte,

Vous pouvez rester toute la nuit devant la porte, à moins que vous n'ayez la force de passer. »

La captive se précipite alors vers la partie la plus faible de l'anneau, et tente de percer en jetant tout son poids sur les mains jointes des enfants, et parvient généralement à percer, celle dont la main cède étant faite captive à sa place.

CHARADES

Un salon arrière avec des portes pliantes constitue un très beau théâtre pour jouer des charades. Presque tout peut être utilisé pour se vêtir : châles, antimacassars, nappes, mouchoirs, robes rabattues ou robe de chambre. Ce dernier est un vêtement très utile pour représenter un vieux gentleman, tandis que les copeaux d'étoupe ou de feu blanc font d'excellentes perruques.

Ce qu'il y a de bien dans une mascarade, c'est d'essayer de surprendre votre public autant que possible. Vous devez choisir un mot de deux syllabes ou plus, comme « Cornemuse ». Vous devez d'abord jouer le mot « Sac » et vous assurer que le mot est mentionné, même si vous devez faire attention à l'introduire de telle manière que le public ne devine pas que c'est le mot que vous jouez.

Vient ensuite le mot « Pipe », et il doit être introduit de la même manière. Quand vous avez joué les deux syllabes, vous devez jouer la totalité : « Cornemuse ».

Avant de commencer la mascarade, vous devez décider qui doit introduire le mot ou la syllabe de la mascarade. Vous devez également décider de ce que vous allez dire, ou du moins, du sujet de l'acte. Que chaque scène soit bien pensée et aussi courte que possible. Vous devez être aussi rapide que possible entre les actes, car tout le plaisir sera gâché si vous faites attendre votre public. Si vous n'avez ni rideau ni écran, les acteurs doivent simplement quitter la scène à la fin des scènes.

Pour bien jouer des charades, il faut un peu d'entraînement et beaucoup de bonne humeur, car, bien entendu, un ou deux seulement peuvent jouer les rôles principaux, et c'est pourquoi certains enfants doivent se contenter de prendre les plus petits. C'est une bonne idée de jouer à tour de rôle les meilleurs rôles, et si les enfants les plus âgés sont gentils et attentionnés, ils essaieront de créer quelques petits rôles faciles, afin que leurs jeunes frères et sœurs puissent également se joindre à la fête. Nous vous proposons ici une charade très simple, dont vous pourrez apprendre les mots, puis agir, après quoi vous pourrez très probablement inventer vous-mêmes des charades.

La charade "Band-Box"

Scène 1 : Une rue

Cela peut être réalisé en plaçant une rangée de chaises à dossier ouvert près du mur face au public ; un enfant est posté derrière chaque chaise et, regardant par le dossier ouvert, fait semblant de regarder par la fenêtre.

GROUPE

Premier enfant derrière une chaise.—Oh ! chérie, comme notre rue est toujours ennuyeuse. Je déclare que rien de gentil n'arrive jamais par ici.

Deuxième enfant.—Non, je suis tout à fait d'accord avec vous. Eh bien, je n'ai pas vu de "Punch and Judy" depuis des mois. J'aimerais que ma mère aille vivre dans une autre rue.

Troisième enfant.—C'est pas grave, sortons et jouons.

(Inscrivez cinq ou six enfants – ou un nombre moindre, si cela est plus pratique – portant des instruments de musique jouets.)

Premier enfant. — Hourra ! Voici un groupe allemand. Venez, mes enfants ; allons l'écouter.

(L'orchestre se regroupe au bout de la rue et les enfants se tiennent debout. Après la mise au point, l'orchestre commence à jouer.)

Deuxième enfant.—Maintenant, Mary Jane, nous pouvons danser. Je danserai avec toi.

Troisième enfant.—Non, je veux danser avec Mary Jane.

Premier enfant.—Je ne veux pas du tout danser.

Deuxième enfant.—Il le faut.

Troisième enfant.—Oui, il le faut.

(Le groupe cesse de jouer et l'un des musiciens vient chercher de l'argent.)

Premier enfant.—Je n'ai pas d'argent.

Deuxième enfant. — Mais nous n'avons pas encore commencé à danser.

Musicien. — Vous n'auriez pas dû discuter si longtemps alors. Vous donnerez sûrement une pièce de cinq cents au groupe, après toute la jolie musique qu'il a jouée ?

Premier enfant.—Je ne le ferai pas.

Deuxième enfant.—Je ne le ferai pas.

Troisième enfant. — Et je ne le ferai pas.

Musicien.—Eh bien, vous êtes méchant. Venez. (Faisant signe au reste du groupe.) Nous y allons, et il nous faudra beaucoup de temps avant de redescendre dans cette rue.

(Chutes de rideau.)

BOÎTE

Scène 2 : Une pièce

Tommy (sautant dans la pièce, agitant une lettre à la main.) — Hourra ! Hourra! Oncle Dick arrive. Hourra! Hourra!

(Entrent le frère et la sœur de Tommy, ainsi que son papa et sa maman.)

Papa.—Qu'est-ce qu'il y a, Tommy ?

Tommy.—Oncle Dick m'a écrit pour me dire qu'il vient passer Noël avec nous et il m'apporte une boîte de Noël.

Maman.—Comme c'est gentil de sa part ! Mais fais attention à ne pas l'offenser, Tommy. C'est un vieux monsieur plutôt susceptible.

Ma sœur.—Je me demande ce que ce sera, Tommy.

Frère.—J'espère que ce sera une série de choses sur le cricket, et ensuite nous pourrons jouer au cricket cet été.

Tommy.—Oh ! oui, j'espère que ce sera le cas, mais quoi que ce soit, ce sera certainement quelque chose de sympa.

(Il recommence à sauter. Entre oncle Dick, un très vieux monsieur avec un pied goutteux. Tommy ne le voit pas et va le frapper en marchant sur son pied goutteux.)

Oncle Dick.—Oh ! Oh! Oh! oh, mon orteil !

Tommy.—Oh ! Peu importe votre orteil ! Où est ma boîte de Noël ?

Oncle Dick.—Votre boîte de Noël, jeune coquin ! Pensez à mon orteil.

Tommy.—S'il te plaît, mon oncle, je suis vraiment désolé, mais je veux vraiment savoir ce que tu m'as apporté comme boîte de Noël.

Oncle Dick (rugissant).—Voici votre boîte de Noël, et puisse-t-elle vous apprendre à être plus prudent à l'avenir. (Enferme les oreilles de Tommy.)

(Chutes de rideau.)

Voici une liste de mots qui se diviseront facilement en mots de charade :

Mariées-demoiselles. Bord de mer. Charpenterie.

Réduire. Bouquet. Indolent.

Je fabrique à la main. Clé en main. Beau.

Trou de serrure. Chemin de fer. Chérie.

Port-man-teau(orteil). Écervelé. Abondance.

Innocent. Digitale pourprée. Patriote.

Pour faire de vos charades une véritable réussite, il vous faudra bien entendu un rideau. On peut en fabriquer un très efficace avec un peu de peine et à peu de frais ; en effet, les matériaux sont peut-être déjà dans la maison.

Vous devez d'abord fixer quelques supports de chaque côté de la pièce, en prenant soin qu'ils soient fermement vissés dans le mur et en prenant également soin de ne pas endommager le papier.

Si vous êtes un ouvrier soigné, vous constaterez en retirant les vis que les deux petits trous de vis de chaque côté seront à peine visibles, car bien entendu les supports doivent être fixés près du plafond.

Vous devez ensuite monter votre tringle à rideau, qui doit être la plus fine possible, afin que les anneaux puissent passer facilement. Un poteau en bambou bon marché est le meilleur.

Deux rideaux larges et profonds sont nécessaires ; il est très probable que les rideaux de la chambre de bébé conviennent.

Sur ces rideaux, vous cousez un certain nombre de petits anneaux en laiton, que vous pouvez acheter pour environ 20 cents la douzaine, voire moins. Les anneaux doivent être cousus sur les rideaux, comme vous le voyez sur l'illustration, tout en haut et depuis le coin le plus haut du rideau, en biais jusqu'au milieu.

Les anneaux supérieurs sont passés le long de la tringle à rideau, une ficelle (marquée sur l'illustration A1) est cousue sur le rideau et enfilée dans les anneaux jusqu'à ce qu'elle atteigne A2. Il est ensuite enfilé dans les anneaux du poteau jusqu'à ce qu'il atteigne A3, où il peut se détacher.

Le même arrangement est effectué avec la ficelle B. Le bas du rideau doit être lesté avec de la grenaille ou tout autre poids qui peut convenir.

Quand le rideau doit être levé, le régisseur et son assistant se placent de chaque côté de la scène, les cordes prêtes à la main, et au signal donné — la sonnerie d'une cloche est le signe habituel que tout est prêt — ils chacun tire sur une ficelle, et les rideaux glissent de chaque côté et peuvent être fixés à des crochets, posés exprès.

Lorsque le rideau doit tomber, les deux responsables doivent simplement desserrer les ficelles et les laisser partir, et les poids font tomber les rideaux vers le centre.

Toutes sortes de « propriétés » utiles et ornementales peuvent être réalisées à la maison pour un coût très modique. Le carton, le papier doré et argenté et la colle contribuent grandement à créer un bon spectacle.

Des épées, des couronnes, des ceintures, des robes pailletées et bordées d'or peuvent être fabriquées à partir de ces matériaux utiles et semblent de premier ordre à distance.

Une vieille robe noire avec de petites étoiles dorées collées ou gommées sur le tissu ferait une excellente robe pour une reine. Les épées ou ceintures doivent d'abord être découpées dans du carton, puis recouvertes de papier doré ou argenté.

Pour fabriquer une bonne perruque, vous devez façonner un morceau de calicot pour qu'il s'adapte à la tête ; puis cousez des copeaux de feu ou enroulez-les partout. Si vous souhaitez une perruque bouclée, c'est une bonne idée d'enrouler les copeaux ou de les enrouler fermement autour d'une règle et de les fixer avec un point arrière, qui maintiendra la boucle en position après l'avoir retirée de la règle. Ces quelques conseils vous donneront une idée des très nombreux costumes différents qui peuvent être confectionnés par les enfants à partir des matériaux les plus simples.

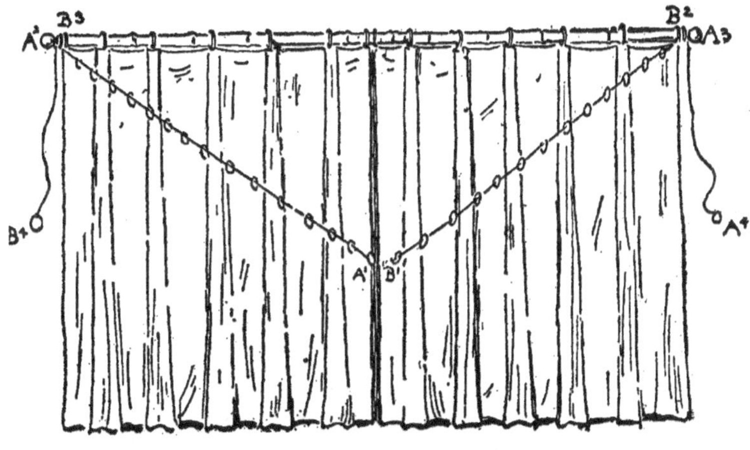

LE RIDEAU FERMÉ

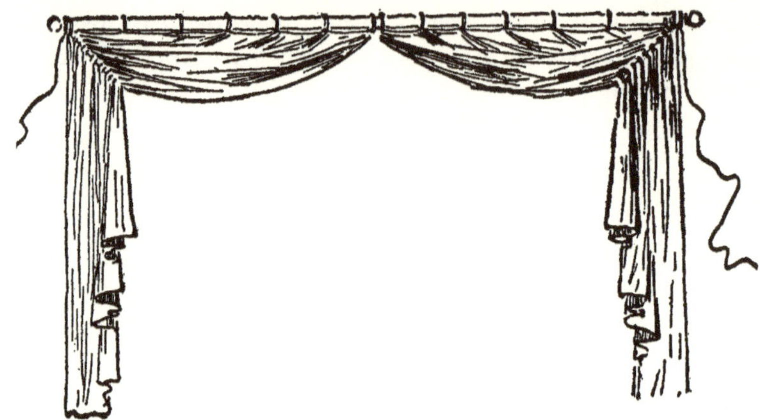

Le jeu du chat

La personne qui doit jouer le rôle de Cat doit se tenir devant la porte de la pièce où est rassemblée la compagnie. Les garçons et les filles, tour à tour, viennent de l'autre côté de la porte et crient « miaou ». Si le Chat dehors reconnaît un ami au cri et l'appelle correctement en retour, il est autorisé à entrer dans la pièce et à l'embrasser, et ce dernier prend alors la place du Chat. Si, au contraire, le Chat ne peut pas reconnaître la voix, il est sifflé et reste dehors jusqu'à ce qu'il la reconnaisse.

Images vivantes

Les tableaux vivants sont très amusants s'ils sont bien exécutés, et même avec peu de préparation peuvent être rendus très jolis ou très comiques, selon ce qu'on désire. Il vaut peut-être mieux s'essayer aux comiques si l'on n'a pas beaucoup de temps pour les arranger, car les costumes sont généralement plus faciles à gérer, et si l'on est obligé d'utiliser des vêtements qui ne correspondent pas tout à fait aux personnages, cela n'a pas beaucoup d'importance. ; en effet, cela ne fera probablement que faire rire un peu plus le public.

Ce qu'il y a de bien dans les images vivantes, c'est de rester parfaitement immobile pendant la représentation. Vous devez sélectionner plusieurs scènes bien connues de l'histoire ou de la fiction, puis disposer les acteurs pour qu'ils représentent les scènes aussi fidèlement que possible.

Les photos simples de la vie à la maison sont une grande source de plaisir, et de nombreux après-midi pluvieux se dérouleront comme par magie en organisant des scènes et en confectionnant des robes à porter. Les masques de journaux, les bicornes de journaux, les vieux châles, les robes de chambre et les bâtons suffisent amplement pour les charades à la maison.

Supposons, par exemple, que vous pensiez à « Cendrillon » pour un tableau. Une fille pourrait se tenir debout, parée de papier de soie coloré sur sa robe et de fleurs en papier dans les cheveux, pour représenter l'une des fières sœurs, tandis que Cendrillon dans une robe déchirée arrange la traîne de l'autre fière sœur, qui peut consister en un vieux châle. Les bouquets de fleurs en papier doivent être entre les mains de la sœur.

"Le Petit Chaperon Rouge" est un autre sujet de prédilection pour un tableau vivant. Le loup peut être représenté par un garçon à quatre pattes, avec un tapis de fourrure jeté sur lui. Le Chaperon Rouge n'a besoin que d'un châle écarlate, disposé comme une capuche et une cape, par-dessus sa robe et son tablier ordinaires, et elle doit porter un bouquet de fleurs et un panier.

Toutes les images vivantes sont plus belles si vous pouvez avoir un cadre pour elles. Il n'est pas très difficile d'en fabriquer une, surtout si vous disposez de quatre grandes boîtes à vêtements en carton.

Après avoir soigneusement découpé le fond des boîtes, placez les cadres comme indiqué ici :

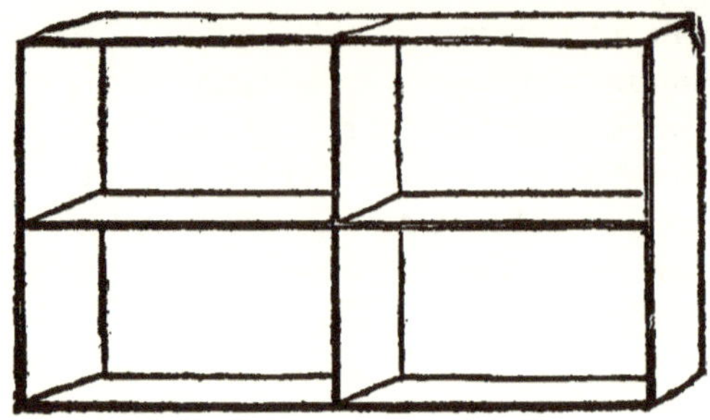

Découpez le cadre central en laissant un grand carré, ainsi :

Il faudra ensuite fixer les quatre pièces ensemble en collant du carton de chaque côté des joints, et vous aurez un très bon cadre, que vous pourrez recouvrir de papier de couleur ou décorer de mousseline.

Ce cadre durera très longtemps s'il est soigneusement traité. Il doit se tenir debout tout seul ; mais s'il est un peu instable, il vaut mieux le tenir droit par les côtés. Bien sûr, cela ne fera qu'un très petit cadre, mais vous pouvez augmenter la taille en utilisant plus de cases.

Si vous n'avez pas le temps de faire un cadre, disposez vos personnages près d'une porte, à l'extérieur de la salle dans laquelle est assis le public.

Quand tout à fait prêt, quelqu'un doit ouvrir la porte, lorsque la porte fera une sorte de cadre au tableau vivant.

Il est toujours bon d'avoir un rideau si vous le pouvez ; une feuille en fait une excellente. Deux enfants, debout sur des chaises, le soutiennent de chaque côté, et, à un signal donné, le laissent tomber par terre, de sorte qu'au lieu que le rideau se lève, il tombe. Une fois le tableau tombé, les deux petits personnages devraient reprendre les coins du drap dans leurs mains, de manière à n'avoir plus qu'à sauter sur les chaises lorsqu'il sera temps de cacher le tableau.

Bien entendu, ces instructions ne concernent que des images vivantes à très petite échelle ; Des arrangements beaucoup plus grandioses seront nécessaires si la représentation doit avoir lieu devant un public autre que « domestique ».

Comme je vous l'ai déjà dit, les tableaux vivants comiques sont les plus faciles à réaliser, car les robes sont plus faciles à réaliser, mais il existe d'autres tableaux vivants qui sont encore plus faciles et qui provoqueront beaucoup de plaisir et de gaieté. Ce sont de véritables pièges et ils sont si simples que même les très petits enfants peuvent les gérer.

Vous pouvez organiser un programme et en faire une demi-douzaine de copies à remettre au public.

Le premier tableau vivant de la liste est « La Chute de la Grèce » et sonne en effet très grandiose ; mais lorsque le rideau se lève (ou plutôt, s'il s'agit du rideau de drap, s'abaisse), le public voit une bougie allumée, placée de travers dans un chandelier et écartée du fond de manière à faire tomber la graisse.

Voici quelques autres tableaux comiques similaires que vous pouvez facilement placer devant un public :

"Meet of the Hounds."—Une pile de biscuits pour chiens.

"Vue sur la mer Noire." — Un grand C majuscule noirci à l'encre.

« La Charge de la Brigade Légère. » — Une demi-douzaine de boîtes d'allumettes étiquetées : « 10 cents le lot ».

Ce ne sont là que quelques-unes des nombreuses images comiques vivantes que vous pouvez réaliser ; mais vous saurez sans doute penser aux autres par vous-mêmes.

Proverbes d'acteur

La meilleure façon de jouer à ce jeu est que les joueurs se divisent en deux groupes, à savoir les acteurs et le public. Chacun des acteurs devra alors se fixer un proverbe qu'il jouera tour à tour devant le public. Ainsi, par exemple, en supposant qu'un des joueurs ait choisi le proverbe : « Un mauvais ouvrier se dispute avec ses outils », il devra entrer dans la salle où est assis le public, portant avec lui un sac dans lequel se trouve une scie, un marteau, ou tout autre instrument ou outil utilisé par un ouvrier ; il devrait alors regarder autour de lui et trouver une chaise, ou quelque autre objet, qu'il devrait prétendre avoir besoin d'être réparé ; il doit alors agir en ouvrier, en enlevant son manteau, en retroussant ses manches et en commençant le travail, laissant souvent tomber ses outils et en se plaignant tout le temps.

Si ce jeu est bien joué, il peut devenir très amusant. Parfois, le public doit payer un forfait chaque fois qu'il ne parvient pas à deviner le proverbe.

Crier des proverbes

C'est un jeu plutôt bruyant. L'un des membres de la compagnie franchit la porte, et pendant son absence, un proverbe est choisi et une parole en est donnée à chaque membre de la compagnie. Lorsque le joueur qui est dehors rentre dans la salle, un des membres de la compagnie compte "Un, deux, trois", puis toute la compagnie crie simultanément la parole qui lui a été donnée du proverbe choisi.

S'il y a plus de joueurs présents qu'il n'y a de mots dans le proverbe, deux ou trois d'entre eux doivent avoir le même mot. L'effet de toute la compagnie qui crie ensemble est très drôle. Il suffit que celui qui devine ait une oreille fine ; alors il est presque sûr de saisir ici et là un mot qui lui donnera la clef du proverbe.

---

les proverbes

C'est un jeu très intéressant et peut être joué par un grand nombre de personnes en même temps. Supposons qu'il y ait douze personnes présentes, l'une d'entre elles est expulsée de la pièce tandis que les autres choisissent un proverbe. Lorsque cela est fait, le « devineur » est autorisé à entrer et il pose une question à chaque personne séparément. Dans la réponse, quelle que soit la question posée, il faut citer un mot du proverbe. A titre d'illustration, nous prendrons "Un oiseau dans la main en vaut deux dans la brousse".

1. Jean doit utiliser le mot « A » dans sa réponse.

2. Gladys doit utiliser le mot « oiseau » dans le sien.

3. Nellie doit utiliser le mot « in » dans le sien.

4. Tommy doit utiliser le mot « le » dans le sien.

5. Estelle doit utiliser le mot « main » dans la sienne.

6. Ivy doit utiliser le mot « est » dans le sien.

7. Wilfrid doit utiliser le mot « valeur » dans le sien.

8. Lionel doit utiliser le mot « deux » dans le sien.

9. Vera doit utiliser le mot « in » dans le sien.

10. Bertie doit utiliser le mot « le » dans le sien.

11. Harold doit utiliser le mot « buisson » dans le sien.

Le plaisir devient encore plus grand si les réponses sont données rapidement et sans que le mot spécial ne soit remarqué. Il arrive souvent que le « devineur » doive tester ses pouvoirs plusieurs fois avant de réussir. Celui qui en donnant une mauvaise réponse donne l'indice, devient à son tour devineur, et est alors obligé de sortir de la pièce pendant qu'un autre proverbe est choisi.

Voici une liste de proverbes :

Un mauvais ouvrier se dispute avec ses outils.

Un tien vaut mieux que deux tu l'auras.

Un chat peut regarder un roi.

Les dents douloureuses sont des locataires malades.

Une porte grinçante pend longtemps aux gonds.

Un homme qui se noie s'accroche à une paille.

Après le dîner, asseyez-vous un moment, après le dîner, marchez un kilomètre.

C'est dans le besoin que l'on reconnaît ses vrais amis.

Un bon serviteur fait un bon maître.

Une bonne parole est aussi vite prononcée qu'une mauvaise.

Une petite fuite fera couler un grand navire.

Tous ne sont pas des amis qui nous parlent juste.

Tous ne sont pas des chasseurs qui klaxonnent.

Tout ce qui vient au filet est du poisson.

Tout ce qui brille n'est pas d'or.

Tout travail et aucun jeu font de Jack un garçon ennuyeux.

Une cruche va souvent au puits, mais elle finit par se briser.

Pierre qui roule n'amasse pas mousse.

Une petite étincelle fait un grand feu.

Un point à temps en vaut neuf.

Lorsque vous faites votre lit, vous devez vous allonger dessus.

Comme vous semez, ainsi vous récolterez.

Un arbre se reconnaît à ses fruits.

Un homme volontaire obtiendra ce qu'il veut.

Un esprit bien disposé fait un pied léger.

Un mot avant vaut deux derrière.

Un fardeau que l'on choisit n'est pas ressenti.

Les mendiants n'ont pas le droit de choisir.

Soyez lent à promettre et rapide à réaliser.

Mieux vaut tard que jamais.

Mieux vaut plier que casser.

Oiseaux d'une plume volent ensemble.

Care a tué un chat.

Attrapez l'ours avant de vendre sa peau.

La charité commence à la maison, mais ne s'arrête pas là.

Coupez votre manteau selon votre tissu.

Faites comme vous le feriez.

Ne criez pas tant que vous n'êtes pas sorti du bois.

N'éperonnez pas un cheval volontaire.

Se coucher tôt et se lever tôt rend un homme en bonne santé, riche et sage.

Les récipients vides font le plus grand bruit.

Assez, c'est aussi bon qu'un festin.

Un cœur faible n'a jamais gagné une belle dame.

Les bonnes plumes font les bons oiseaux.

De beaux mots beurrent pas de panais.

Le feu et l'eau sont de bons serviteurs mais de mauvais maîtres.

Saisissez tout, perdez tout.

Mieux vaut un demi-pain que pas de pain.

Beau est aussi beau.

Heureux la courtisation qui ne tarde pas à se faire.

Celui qui emprunte s'afflige.

Les cacheurs sont de bons trouveurs.

La maison est la maison, même si elle est toujours aussi simple.

L'honnêteté est la meilleure politique.

Si les souhaits étaient des chevaux, les mendiants les monteraient.

C'est un vent mauvais qui ne souffle du bien à personne.

Il ne est jamais trop tard pour apprendre.

Ce n'est pas le capuchon qui fait le moine.

C'est une longue voie sans virage.

C'est un bon cheval qui ne trébuche jamais.

C'est un cœur triste qui ne se réjouit jamais.

Les mauvaises herbes poussent rapidement.

Gardez une chose pendant sept ans et vous lui trouverez une utilité.

Faire d'une pierre deux coups.

Les paresseux sont ceux qui se donnent le plus de peine.

Laissez les chiens endormis mentir.

Laissez-les rire de cette victoire.

Faire les foins pendant que le soleil brille.

Beaucoup de paroles vraies sont prononcées en plaisantant.

De nombreuses mains facilitent le travail.

Mariez-vous en toute hâte, repentez-vous à loisir.

A cheval donné on ne regarde pas les dents.

La nécessité est la mère de l'invention.

Les vieux oiseaux ne doivent pas être attrapés avec de la paille.

Les vieux amis et le vieux vin sont les meilleurs.

Une hirondelle ne fait pas le printemps, ni une bécasse un hiver.

Les gens qui vivent dans des maisons de verre ne devraient jamais jeter de pierres.

La possession est en neuf points de la loi.

La procrastination est une voleuse de temps.

Les comptes courts font de longs amis.

Liaison sûre, découverte sûre.

Battre le fer tant qu'il est chaud.

Prenez soin des sous et les dollars prendront soin d'eux-mêmes.

Plus on est de fous, moins il y en a, mieux c'est.

L'heure la plus sombre se situe juste avant le lever du jour.

La femme du cordonnier est la plus mal chaussée.

Il y a bien des écarts entre la coupe et la lèvre.

Il y a une lueur d'espoir dans chaque nuage.

Ceux qui jouent avec des outils de pointe doivent s'attendre à être coupés.

Le temps et la marée n'attendent personne.

Trop de cuisiniers gâtent la sauce.

L'Union fait la force.

Ne gaspillez pas, ne voulez pas.

Ce que l'œil ne voit pas, le cœur ne le regrette pas.

Quand des coquins se disputent, les hommes honnêtes s'en prennent à eux.

Quand le chat est absent, les souris jouent.

Le gaspillage délibéré donne terriblement envie.

Vous ne pouvez pas manger votre gâteau et l'avoir en plus.

Les aventuriers

C'est un très bon jeu qui combinera à la fois instruction et divertissement. L'idée est que l'entreprise s'imagine être un groupe de voyageurs sur le point de partir en voyage vers des pays étrangers. Une bonne connaissance de la géographie est requise, ainsi qu'une idée des manufactures et des coutumes des régions étrangères à visiter. Il serait tout aussi bien, si l'on n'est pas tout à fait sûr de l'emplacement de la pièce, de se référer à une carte.

Un lieu de départ ayant été décidé, le premier joueur se lance dans son voyage. Il indique à l'entreprise quel endroit il a l'intention de visiter (en imagination) et quel type de moyen de transport il compte utiliser. En arrivant à destination, le joueur déclare ce qu'il souhaite acheter et à qui il a l'intention de faire un cadeau. son achat en rentrant chez lui.

Cela peut paraître très simple, mais ce n'est pas aussi simple qu'il y paraît. Le joueur doit avoir une certaine connaissance du pays dans lequel il se rend, de la manière dont il voyagera et du temps qu'il lui faudra pour terminer le voyage. Pour donner un exemple, il ne suffit pas que le joueur déclare qu'il va au Groenland pour acheter des ananas, ou en Floride pour se procurer des fourrures ; il ne lui suffirait pas non plus de faire cadeau d'une pipe en écume de mer à une dame, ou d'un châle de cachemire à un gentleman.

Plus de plaisir est ajouté à ce jeu si des forfaits sont exigés pour toutes les erreurs.

Le jeu continue et le deuxième joueur doit prendre son point de départ là où le premier s'est arrêté. Bien sûr, tout dépend de l'imagination ou de l'expérience du joueur ; s'il a été un voyageur ou s'il a beaucoup lu, ses descriptions devraient être très intéressantes.

Coup du facteur

Un joueur commence le jeu en sortant de la pièce, puis en frappant deux fois (ou par le facteur) à la porte ; il est du devoir de l'un des autres joueurs de se tenir à la porte de la pièce pour répondre aux coups qui se font et de demander au facteur pour qui il a une lettre. Le facteur nomme un membre de la compagnie, généralement du sexe opposé ; on lui demande alors : « Combien de centimes faut-il payer ? Peut-être dira-t-il « six » ; la personne à qui la lettre est censée être destinée doit alors la payer avec des baisers, au lieu de quelques centimes ; après quoi il doit assumer à tour de rôle le poste de facteur.

"Notre vieille grand-mère n'aime pas le thé."

Tous les joueurs sont assis en rang, sauf un, qui s'assoit devant eux et dit à chacun tour à tour : "Notre vieille grand-mère n'aime pas T, que peux-tu lui donner à la place ?"

Peut-être que le premier joueur répondra « Cacao » et ce sera exact ; mais si le deuxième joueur dit « Chocolat », il devra payer un forfait, car il y a un « T » dans le chocolat. C'est vraiment un piège, car au début tout le monde pense que « thé » est signifié au lieu de la lettre « T ». Même une fois que le truc a été découvert, il est très facile de commettre une erreur, car les joueurs doivent répondre avant de compter « cinq » ; s'ils ne le peuvent pas, ou s'ils mentionnent un aliment portant la lettre « T », ils doivent payer une forfaiture.

"J'aime mon amour avec un A."

Pour jouer à ce jeu, il est préférable que les joueurs se disposent en demi-cercle autour de la pièce. Puis on commence : « J'aime mon amour avec un « A », parce qu'elle est affectueuse ; je la déteste avec un « A », parce qu'elle est astucieuse. Elle s'appelle Alice, elle vient d'Alabama, et je lui ai offert un abricot. ". Le joueur suivant dit : « J'aime mon amour avec un « B » parce qu'elle est bonnie ; je la déteste avec un « B » parce qu'elle est vantarde. Elle s'appelle Bertha, elle vient de Boston et je lui ai donné un « B » livre." Le joueur suivant prend le « C », le suivant « D », et ainsi de suite à travers toutes les lettres de l'alphabet.

Conséquences

L'un des jeux les plus populaires lors d'une fête est certainement « Conséquences » ; c'est un très vieux favori, mais qui n'a rien perdu de son charme avec l'âge. Les joueurs sont assis en cercle ; chaque personne reçoit une demi-feuille de papier à lettres et un crayon, et est invitée à écrire dessus (1) un ou plusieurs adjectifs, puis à replier le papier, de manière à ce que ce qui a été écrit ne soit pas visible. Chaque joueur doit passer sa feuille au voisin de droite, et tous doivent ensuite écrire sur le dessus de la feuille qui a été passée par le voisin de gauche (2) « le nom du monsieur » ; après cela, le papier doit être à nouveau plié et transmis comme auparavant ; cette fois, il faut écrire (3) un ou plusieurs adjectifs ; puis (4) le nom d'une dame ; ensuite (5), où ils se sont rencontrés ; ensuite (6), ce qu'il lui a donné ; ensuite (7), ce qu'il lui a dit ; ensuite (8), ce qu'elle lui a dit ; ensuite (9), la conséquence ; et enfin (10), ce que le monde en a dit.

Faites attention à ce qu'à chaque fois que quelque chose soit écrit, le papier soit plié et passé au joueur à votre droite. Lorsque tout le monde a écrit ce que dit le monde, les documents sont rassemblés et l'un des membres de la société procède à la lecture des différents documents, et le résultat peut ressembler à ceci :

(1) L'horrible et délicieux (2) M. Brown (3) a rencontré la charmante (4) Miss Philips (5) à Lincoln Park ; (6) il lui a offert une fleur (7) et lui a dit : "Comment va ta mère ?" (8) Elle lui dit : « Pas pour Joseph ; » (9) la

conséquence a été qu'ils ont dansé la cornemuse, et le monde a dit (10) : «
Exactement ce à quoi nous nous attendions. »

Terre, Air, Feu et Eau

Pour jouer à ce jeu, asseyez-vous en cercle, prenez un plumeau ou un
mouchoir propre et faites-y un gros nœud, afin qu'il puisse être facilement
lancé d'un joueur à l'autre. L'un des joueurs le lance à un autre en criant
simultanément l'un ou l'autre de ces noms : Terre, Air, Feu ou Eau. Si "Terre"
est appelé, le joueur à qui la balle est lancée doit mentionner quelque chose
qui vit sur la terre, comme un lion, un chat ; si l'on appelle « Air », quelque
chose qui vit dans l'air ; si « Eau », quelque chose qui vit dans l'eau ; mais si
"Fire" est appelé, le joueur doit garder le silence. N'oubliez jamais de ne pas
mettre d'oiseaux dans l'eau, ni d'animaux ou de poissons dans les airs ; taisez-
vous lorsque "Feu" est appelé et répondez avant que dix puissent être
comptés. En cas de violation de l'une de ces règles, un forfait doit être payé.

Crambo

L'un des participants quitte la salle et, à son retour, on lui demande de trouver
un mot qui a été choisi par les autres joueurs en son absence ; et pour l'aider,
on mentionne un autre mot rimant avec le mot à deviner. Des questions
peuvent alors être posées par le devineur, et les joueurs doivent tous
introduire, comme dernier mot de leur réponse, un autre mot rimant avec le
mot choisi. Par exemple, supposons que le mot « chemin » soit sélectionné.

Celui qui devine se fera alors dire que le mot choisi rime avec « dire ». Il pourrait alors demander au premier du groupe : « Que pensez-vous de la météo ? et la réponse pourrait être : « Nous avons passé une belle journée. » La deuxième question pourrait être : « Vous êtes-vous amusé ? et la réponse pourrait être : « Oui ; j'ai beaucoup joué. » Le jeu se poursuivrait de cette manière jusqu'à ce que le devineur donne la bonne réponse, ou que l'un des participants ne parvienne pas à donner la rime appropriée, auquel cas ce dernier serait alors appelé à prendre la place du devineur.

PERDU ET TROUVÉ

Un jeu très similaire à "Consequences" est celui de "Lost and Found", qui se joue exactement de la même manière, mais les questions sont tout à fait différentes : (1) Perdu, (2) par qui, (3) à quelle heure , (4) où, (5) trouvé par, (6) dans quel état, (7) à quelle heure, (8) la récompense.

Les réponses peuvent ressembler à celles-ci : (1) Un timbre-poste perdu, (2) par sœur Jane, (3) à trois heures du matin, (4) à Saint-Louis, (5) il a été trouvé par un policier, (6) plutôt en mauvais état, (7) à l'heure du dîner ; (8) la récompense était un baiser.

« Animal, végétal ou minéral ? »

C'est un jeu capital pour une grande fête, car il est à la fois instructif et amusant. Deux camps sont choisis, il faut deviner quel mot ou quelle phrase le reste de l'entreprise a choisi. Ils sortent de la salle, et lorsque le sujet est décidé, reviennent et posent tour à tour une question à chacun des deux côtés. La réponse doit être soit « Oui », soit « Non », et en aucun cas il ne faut utiliser plus de mots, sous peine de forfait. Le premier point important à découvrir est de savoir si le sujet est « Animal », « Végétal » ou « Minéral ». Supposons, par exemple, que le sujet choisi soit un chat qui dort dans la pièce près du feu, les questions et réponses pourraient être du type suivant : « Le sujet choisi est-il un animal ? "Oui." "Animal sauvage?" "Non." "Animal domestique?" "Oui." "Commun?" "Oui." « Y en a-t-il beaucoup dans cette ville ? "Oui." « En avez-vous vu beaucoup ce jour ? » "Oui." "Dans cette maison?" "Non." "En avez-vous vu beaucoup sur la route ?" "Oui." "Est-ce qu'ils tirent des charrettes ?" "Non." « Sont-ils utilisés à des fins professionnelles ? "Non." «Est-ce que le sujet est un animal de compagnie ? » "Oui." "Il y en a un dans la maison ?" "Oui." "Dans cette chambre?" "Oui." "Est-ce qu'il se trouve devant le feu à l'heure actuelle ?" "Oui." "Le sujet auquel vous avez tous pensé est-il le chat allongé devant le feu dans cette pièce ?" "Oui." Le sujet ayant été deviné, un autre est choisi et le jeu continue. Les questions sont limitées à vingt, mais il n'est presque jamais nécessaire d'utiliser ce nombre.

Chasser la pantoufle

Les joueurs s'assoient en cercle sur le sol, ayant choisi l'un des leurs pour rester en dehors du cercle. Les enfants assis par terre sont censés être des cordonniers, et celui à l'extérieur est le client qui a apporté sa chaussure à raccommoder. Il le tend à l'un d'eux en disant :

" Cordonnier, cordonnier, répare ma chaussure ; fais-le à deux heures et demie. "

Les cordonniers se passent le soulier aussi vite qu'ils le peuvent, en prenant soin que le client ne voie pas lequel d'entre eux le possède. Lorsque le client vient le chercher, on lui dit qu'il n'est pas prêt. Il fait semblant de se mettre en colère et dit qu'il prendra les choses telles quelles. Il doit alors tenter de le retrouver, et le cordonnier qui le possède doit tenter de le transmettre à son voisin sans qu'il soit vu du client. La personne sur qui la chaussure est trouvée doit devenir le client, tandis que le client prend place dans le cercle au sol.

En volant

Ce jeu nécessite pour leader une personne capable de raconter une histoire ou de faire un petit discours amusant. Chaque joueur doit placer la main droite sur le bras gauche. Le chef raconte ensuite une histoire au cours de laquelle, chaque fois qu'il mentionne une créature capable de voler, chaque main droite doit être levée et agitée dans les airs pour imiter l'action de voler. Au nom d'une créature qui ne vole pas, les mains doivent rester tranquilles, sous peine de forfait. Ainsi:

Le petit troglodyte est très petit,

Le colibri est moins ;

La coccinelle est la moindre de toutes,

Et belle en robe.

Le pélican qu'elle aime ses petits,

La cigogne que son parent adore ;

Le bec de la bécasse est très long,

Et les colombes sont innocentes.

En Allemagne, on chasse le sanglier,

L'abeille rapporte du miel à la maison,

La fourmi prépare un magasin d'hiver,

L'ours adore les nids d'abeilles.

La baguette de l'aveugle

C'est une autre façon de jouer à Blind Man's Buff, et beaucoup pensent qu'il s'agit d'une amélioration par rapport à ce jeu.

Le joueur aux yeux bandés se tient au centre de la pièce, avec une longue baguette en papier, qui peut être constituée d'un journal plié dans le sens de la longueur et attaché à chaque extrémité avec une ficelle. Les autres joueurs se donnent alors la main et forment un cercle autour de lui. Quelqu'un joue alors un air joyeux au piano, et les joueurs dansent autour de l'aveugle, jusqu'à ce que tout à coup la musique s'arrête ; l'aveugle en profite alors pour abaisser sa baguette sur l'un des cercles, et le joueur sur lequel elle est tombée doit s'en emparer. L'aveugle fait alors un bruit, comme, par exemple, l'aboiement d'un chien, un cri de rue ou tout ce qui, selon lui, pourrait inciter le joueur qu'il a attrapé à se trahir, car le captif doit imiter le bruit que l'aveugle aime. faire. Si l'aveugle détecte qui tient le bâton, celui qui est attrapé doit être un aveugle ; sinon, le jeu continue jusqu'à ce qu'il réussisse.

Juge et Jury

La compagnie devrait être assise sur deux rangées se faisant face, et l'un des membres du parti devrait alors être élu pour faire office de juge. Chacun doit se rappeler qui est assis exactement en face, car lorsque le juge pose une question à quelqu'un, ce n'est pas la personne directement interrogée qui doit répondre, mais la personne en face du juge. Par exemple, si le juge, s'adressant à un membre de l'entreprise, demande : « Aimez-vous les pommes ? la personne à qui on parle doit garder le silence, tandis que la personne qui lui est en face doit répondre avant que le juge puisse compter dix ; la pénalité en cas de non-respect est un forfait. Une règle concernant les réponses est que la réponse ne doit pas contenir moins de deux mots et ne doit pas contenir les mots : « Oui », « Non », « Noir », « Blanc » ou « Gris ». En cas de non-respect de cette règle, un forfait peut également être réclamé.

"Les mains en l'air!"

Dans ce jeu, la compagnie doit se diviser, la moitié prenant place d'un côté de la table et l'autre moitié de l'autre côté ; les joueurs d'un côté étant appelés les « devineurs » et les joueurs de l'autre côté étant appelés les « cacheurs ». Un bouton ou n'importe quel petit objet est produit, et les cacheurs doivent le passer de main en main, sous la table, afin que ceux assis en face ne sachent pas qui le tient. Lorsqu'il est caché, l'un des devineurs crie : « Lève la main ! » Immédiatement, les cacheurs doivent poser leurs mains fermées sur la table ; les devineurs doivent alors découvrir quelle main tient le bouton. En cas de succès, les cacheurs tentent de deviner à leur tour. La personne dans la main de laquelle se trouve le bouton doit payer un forfait.

Hébergements à louer

La compagnie est assise en cercle et un joueur se tient au centre. Il y a une chaise de rechange et le jeu consiste pour ce joueur à prendre possession d'une place vacante. Lorsque le jeu commence, chacun se dirige le plus rapidement possible vers la chaise la plus proche de lui, et comme cela se fait tout le temps, il est difficile pour celui qui cherche un « logement » de trouver une place en se glissant dedans. parmi eux, et ses tentatives susciteront beaucoup d'amusement.

Chasser l'anneau

Pour ce jeu, un long morceau de ficelle est nécessaire. Sur celui-ci, un anneau est enfilé et les extrémités de la ficelle sont nouées ensemble. Les joueurs prennent ensuite la ficelle dans leurs mains et forment un cercle, tandis qu'un membre de la compagnie, appelé le chasseur, se tient au centre. La ficelle doit être passée rapidement en rond et les joueurs doivent essayer d'empêcher le chasseur de découvrir qui tient l'anneau. Dès qu'il a fait cela, il prend place dans le cercle, tandis que celui qui tenait l'anneau devient le « chasseur ».

Le tabouret du repentir

Les joueurs sont assis en cercle, au centre duquel est placé un tabouret. L'un des membres du groupe sort de la pièce et les autres disent toutes sortes de choses sur lui. Par exemple, l'un dira qu'il est beau, l'autre qu'il est intelligent, ou stupide, ou vaniteux. Le « coupable » est alors rappelé dans la pièce et s'assoit sur le tabouret, appelé « tabouret du repentir », et l'un des joueurs commence à lui raconter les différentes accusations qui ont été portées contre lui. "Quelqu'un a dit que tu étais vaniteux ; peux-tu deviner qui c'était ?" Si le coupable devine correctement, il prend place dans le cercle et celui qui a porté l'accusation devient le « coupable » à sa place. Si toutefois le "coupable" ne parvient pas à deviner correctement, il doit quitter la pièce pendant que de nouvelles accusations sont portées contre lui.

La plume

Après s'être procuré une petite plume soyeuse, les joueurs s'assoient en cercle aussi rapprochés que possible. L'un des participants lance alors la plume le plus haut possible dans les airs, et il est du devoir de tous les joueurs de l'empêcher de se poser sur eux, en soufflant dessus chaque fois qu'elle vient dans leur direction. Tout joueur sur lequel il tombe doit payer un forfait.

Il est presque impossible d'imaginer l'excitation que produit ce jeu lorsqu'il est joué avec esprit, et le plaisir n'est pas entièrement limité aux joueurs, car il donne presque autant de plaisir à ceux qui regardent.

Le jeu de la conversation

Pour réussir ce jeu, deux membres de l'entreprise se mettent d'accord en privé sur un mot qui a plusieurs significations. Les deux hommes entament alors une conversation qui doit obligatoirement porter sur le mot qu'ils ont choisi, tandis que le reste de la compagnie écoute. Lorsqu'un membre du groupe s'imagine avoir deviné le mot, il peut se joindre à la conversation, mais s'il constate qu'il se trompe, il doit immédiatement se retirer.

Pour donner une illustration : supposons que les deux joueurs qui entament la conversation décident du mot « boîte ». Ils pouvaient parler des gens qu'ils avaient vus au théâtre et de la partie particulière de la maison dans laquelle ils étaient assis. Ensuite, ils pourraient dire à quel point il était beau dans un jardin, et on pourrait mentionner qu'il poussait en grands arbres. Peut-être que l'un des membres de la compagnie imaginait qu'il avait bien deviné le mot et se joignait à lui, alors la conversation changerait immédiatement et les deux commenceraient à discuter d'une énorme affaire dans laquelle un très grand nombre de choses étaient emballées. À ce moment-là, il est possible que la personne qui a participé à la conversation s'arrête, complètement perplexe. Si toutefois le mot est correctement deviné, la personne qui le devine choisit un partenaire, et ensemble, elles sélectionnent un mot et le jeu recommence.

La Galerie des Statues

Pour ce jeu, toute la compagnie quitte la salle à l'exception de deux. L'un d'eux se dresse alors comme une statue, avec peut-être l'aide d'une nappe ou de quelque chose de similaire comme draperie, tandis que l'autre fait office de showman.

Lorsque la position est décidée, un membre de la compagnie est appelé et pris à part par le showman, et on lui demande son avis sur les mérites de la statue. Il est presque certain qu'une suggestion sera faite ; dans ce cas, il est amené à adopter l'attitude suggérée, et un autre joueur est appelé, à qui la même question est posée, et une autre suggestion est faite et adoptée. Au fur et à mesure que chaque statue est ajoutée à la galerie, cela provoque beaucoup de gaieté et, en peu de temps, une grande collection sera obtenue.

Le chasseur

Une personne représente le chasseur, les autres joueurs portent le nom d'une partie des biens du chasseur ; par exemple, l'un est le capuchon, un autre le cor, d'autres le flacon à poudre, le fusil, le fouet, etc.

Un certain nombre de chaises sont disposées au milieu de la salle, et il doit y avoir une chaise de moins que le nombre de joueurs, sans compter le chasseur.

Les joueurs s'assoient alors autour de la salle, tandis que le chasseur se tient au centre et les appelle un à un, de cette façon : « Poudre-flacon ! Aussitôt « Poudrière » se lève et s'empare du manteau du chasseur.

« Cap », « Gun », « Shot », « Belt », crie le chasseur ; chaque personne qui représente ces objets doit se lever et saisir le joueur appelé devant lui, jusqu'à ce qu'enfin le chasseur ait une longue file derrière lui. Il se met alors à courir autour des chaises, jusqu'à ce qu'il crie soudain : « Bang ! quand les joueurs doivent s'asseoir. Bien entendu, comme il n'y a pas suffisamment de chaises, un joueur sera laissé debout et devra payer un forfait. Le chasseur n'est pas changé tout au long de la partie, sauf s'il se fatigue, il peut alors changer de place avec l'un des autres.

Haricots bouillis chauds et bacon

C'est un jeu pour les jeunes enfants. Un petit objet est caché dans la pièce, tandis que le petit qui doit le trouver est envoyé dehors. Ceci terminé, les joueurs crient ensemble : « Haricots bouillis et bacon ; c'est caché et peut être pris. » Le petit entre et commence à chercher l'article caché. Lorsqu'elle s'approche de sa cachette, la compagnie lui dit qu'elle a « chaud » ; ou bien, si elle n'en est pas proche, on lui dit qu'elle a « froid ». Qu'elle soit « très chaude » ou « très froide », cela signifiera qu'elle est très proche ou très éloignée de l'objet caché ; tandis que si elle est extrêmement proche, on lui dira qu'elle « brûle ». De cette façon, l'objet caché peut être retrouvé et tous les enfants peuvent s'intéresser au jeu en pouvant crier si le petit a « chaud » ou « froid ».

"Mon Maître vous demande de faire ce que je fais."

Pour tous les enfants qui aiment un peu d'exercice, il n'y a pas de meilleur jeu que celui-ci. Lorsque les chaises sont placées en ordre dans la salle, le premier joueur commence par dire : « Mon maître vous ordonne de faire comme moi », tout en travaillant de la main droite comme s'il se martelait les genoux. Le deuxième joueur demande alors : « Que me demande-t-il de faire ? en réponse à quoi le premier joueur dit : " Travailler avec un comme je le fais. " Le deuxième joueur, travaillant de la même manière, doit se tourner vers son voisin de gauche et poursuivre la même conversation, et ainsi de suite jusqu'à ce que tout le monde travaille de la main droite.

Au deuxième tour, l'ordre est de travailler à deux, puis les deux mains doivent travailler ; puis à trois, alors les deux mains et une jambe doivent travailler ; puis à quatre, quand les deux mains et les deux jambes doivent travailler ; enfin à cinq, quand il faut tenir les deux jambes, les deux bras et la tête. Si l'un des joueurs ne parvient pas à rester en mouvement constant, un forfait peut être réclamé.

Bonnet rouge et bonnet bleu

Les joueurs s'assoient en cercle pour représenter des tailleurs au travail sur un morceau de tissu : un mouchoir ou un plumeau suffiront. Un chef ou contremaître est choisi, et chacun des membres de l'entreprise est nommé tour à tour Bonnet Rouge, Bonnet Bleu, Bonnet Noir, Bonnet Jaune, Bonnet Brun, etc. Le chef prend alors le morceau de tissu et fait semblant d'examiner l'ouvrage qui est en cours. censé avoir été fait par les ouvriers. Il est censé découvrir un mauvais point et demande : « Qui a fait ça, Blue Cap ? Ce dernier répond aussitôt : « Pas moi, monsieur. "Qui alors, monsieur ?" "Casquette jaune, monsieur." Bonnet Jaune doit alors répondre aussitôt de la même manière et nommer un autre ouvrier. Celui qui ne répond pas à son nom paie un forfait. S'il est pratiqué de manière rapide, ce jeu provoquera un amusement sans fin.

Il

L'un des joueurs est invité à sortir pendant que la compagnie pense à une personne dans la pièce, et à son retour, il doit deviner à qui la compagnie a pensé.

Les joueurs se disposent ensuite en cercle, et conviennent chacun de penser à son voisin de droite ; il est préférable d'avoir alternativement une fille et un garçon, car cela ajoute beaucoup à l'amusement.

Celui qui est à l'extérieur est alors appelé et commence à poser des questions. Avant de répondre, le joueur interrogé doit faire attention à remarquer son voisin de droite, puis donner une réponse correcte. Par exemple, supposons que la première question soit : « La personne pense-t-elle à un garçon ou à une fille ? La réponse serait peut-être « Un garçon » ; On demanderait alors à la personne suivante la couleur de son teint, à la suivante la couleur de ses cheveux, s'ils sont longs ou courts, etc., questions auxquelles les réponses seraient bien entendu données selon le voisin de droite.

Presque toutes les réponses contrediront les précédentes, et le résultat pourrait ressembler à ceci : « Un garçon », « un teint très foncé », « de longs cheveux jaunes », « portant une veste de velours noir », « avec une robe vert foncé ». ", " cinq pieds de haut ", " environ six ans ", etc. Lorsque le joueur qui devine abandonne le jeu, la blague lui est expliquée.

Comptines d'acteur

Pour ce jeu, la moitié des joueurs sortent par la porte, tandis que ceux qui restent dans la salle choisissent un mot d'une syllabe, ce qui ne devrait pas être trop difficile. Par exemple, supposons que le mot choisi soit « Plat », ceux qui sont hors de la pièce sont informés qu'on a pensé à un mot qui rime avec « Chat », et ils doivent alors agir sans parler, tous les mots qu'ils peuvent penser de cette rime avec "Cat". En supposant que leur première idée soit « Bat », ils entrent dans la pièce et jouent à un jeu de cricket imaginaire. Cela n'étant pas exact, ils se faisaient siffler pour leurs douleurs, et ils devaient alors se dépêcher de sortir à nouveau. Ils pourraient ensuite essayer « Rat », la plupart d'entre eux entrant dans la pièce sur leurs mains et leurs pieds, tandis que les autres pourraient faire semblant d'avoir peur. Encore une fois, ils seraient sifflés. Enfin, les garçons entrent et tombent à plat ventre, tandis que les filles font semblant de se servir des fers plats sur le dos. Les applaudissements bruyants qui suivent leur disent qu'ils ont enfin raison. Ils changent alors de place avec le public qui, à son tour, devient acteur.

L'homme et l'objet

Deux personnes sortent de la salle, et après s'être mises d'accord sur ce qu'elles représenteront, elles reviennent et s'assoient côte à côte devant la société. L'un des deux prend le rôle d'une personne connue, et l'autre représente un objet qui est étroitement lié à cette personne ; par exemple, disons que l'un représente le gouverneur et l'autre le maire. Lorsque les deux reviennent dans la pièce, les autres joueurs posent à tour de rôle à chacun une question à laquelle l'homme et l'objet doivent répondre soit « Oui » soit « Non », jusqu'à ce que la bonne personne et le bon objet soient trouvés. ont été devinés.

Le premier joueur demandera peut-être à « l'homme » : « Êtes-vous vivant ?

L'homme répondra : « Oui » ; alors on demande à l'objet : « Êtes-vous en bois ? "Non." Le deuxième joueur l'interroge ensuite, puis le troisième, et ainsi de suite jusqu'à ce que chacun ait interrogé à son tour ou que la personne et l'objet aient été devinés.

Le joyeux meunier

Les joueurs décident entre eux lequel d'entre eux jouera le rôle du Jolly Miller. Ceci étant fait, chaque petit garçon choisit une petite fille comme partenaire ; le Jolly Miller ayant pris position au milieu de la salle, ils se mettent tous à marcher bras dessus, bras dessous autour de lui, en chantant les vers suivants :

Il y avait un joyeux meunier qui vivait seul ;

Au fur et à mesure que la roue tournait, il s'enrichissait ;

Une main dans la trémie et l'autre sur le sac ;

Tandis que la roue tournait, il s'empara de lui.

Au mot « Grab », chacun doit changer de partenaire, et pendant que le changement se produit, le meunier a la possibilité de se trouver un partenaire. S'il y parvient, celui qui reste sans partenaire doit prendre la place du Jolly

Miller et doit occuper le centre de la pièce jusqu'à ce qu'il ait la chance de trouver un autre partenaire.

Ruth et Jacob

Un joueur a les yeux bandés, les autres dansent en cercle autour de lui jusqu'à ce qu'il désigne l'un d'eux. Cette personne entre alors dans le ring, et lorsque l'aveugle crie « Ruth », répond « Jacob », et se déplace dans le cercle pour éviter d'être attrapée par l'aveugle, et continue de répondre « Jacob », aussi souvent que le l'aveugle crie "Ruth". Cela continue jusqu'à ce que "Ruth" soit attrapée. « Jacob » doit alors deviner qui il a attrapé ; s'il devine correctement, « Ruth » prend sa place et le jeu continue ; s'il se trompe, il continue d'être « Jacob ».

Dames

C'est un jeu splendide et très facile à apprendre. Il se joue sur un plateau spécial comportant trente-deux cases blanches et trente-deux cases noires.

Deux personnes jouent au jeu, assises l'une en face de l'autre. Les joueurs disposent chacun d'un ensemble de douze pièces, ou « hommes », la couleur des ensembles étant différente, afin que les joueurs puissent facilement distinguer leurs propres hommes. Les hommes sont ronds et plats, et sont généralement faits de buis ou d'ébène et d'ivoire, l'un étant blanc et l'autre noir.

Avant de placer les hommes sur l'échiquier, il faut décider si les cases blanches ou noires doivent être jouées, car le tout doit être mis sur une seule couleur. Si les carrés blancs sont sélectionnés, il doit y avoir un carré noir dans le coin droit ; si les cases noires doivent être jouées, alors la case du coin droit doit être blanche.

Les mouvements aux dames sont très simples ; un homme ne peut se déplacer que d'une case à la fois, sauf comme expliqué ci-après, et cela en diagonale, jamais directement ou latéralement. Si l'homme d'un adversaire se trouve sur le chemin, aucun mouvement ne peut avoir lieu à moins qu'il n'y ait une case libre au-delà, dans laquelle l'homme peut être soulevé. Dans ce cas, l'homme sauté est "pris" et retiré du plateau.

Le grand but du jeu est donc de vider le plateau des hommes de l'adversaire, ou de les encercler de telle manière qu'ils ne puissent pas être déplacés, le premier joueur qui encercle l'adversaire ou vide le plateau remporte la victoire. Comme aucun homme ne peut être déplacé de plus d'un pas en diagonale à la fois (sauf lors de la prise des pièces de l'adversaire), il ne peut y avoir de prise que lorsque les deux parties se rapprochent ; par conséquent, pousser continuellement les hommes les uns contre les autres est le principe du jeu.

Au début du jeu, un grand avantage peut être obtenu en étant le premier à jouer ; la règle est donc, si l'on joue plusieurs parties, que le premier coup soit joué alternativement par les joueurs.

Lorsque l'un des joueurs a atteint, avec ses hommes, la rangée extrême de cases du côté opposé (la première rangée de son adversaire), ces hommes ont droit à être couronnés, ce qui se fait en plaçant les uns sur les autres un autre homme. , qui peut être choisi parmi les hommes déjà retirés du conseil d'administration. Les hommes ainsi couronnés sont appelés « Rois » et disposent d'un nouveau pouvoir de mouvement, puisque le joueur peut désormais les déplacer soit en arrière, soit en avant, à sa guise, mais toujours en diagonale comme auparavant.

Les Rois ayant ce double pouvoir de mouvement, c'est un point important pour un joueur de faire couronner le plus d'hommes possible. Si chaque joueur a la chance d'obtenir deux ou trois rois, le jeu devient très excitant. Immédiatement après le couronnement, il est bon pour un joueur de commencer à bloquer les hommes de son adversaire, afin de laisser plus de liberté à ses propres pièces, et ainsi de se préparer à gagner la partie.

La règle veut que si un joueur touche un de ses hommes, il doit le jouer. Si le joueur A omet de prendre un pion alors qu'il est en son pouvoir de le faire, son adversaire B peut le souffler ; c'est-à-dire retirer l'homme du joueur A du plateau. Si cela est à l'avantage de B, il peut insister pour que son propre homme soit enlevé, ce qu'on appelle un « coup ». La manière habituelle est de retirer du plateau l'homme du joueur A qui a commis l'omission et qui a été soufflé.

Il n'est pas considéré comme juste ou juste pour quiconque regarde le match de conseiller le mouvement à effectuer, ou pour un joueur d'attendre plus de cinq minutes entre chaque mouvement.

Il convient d'être très prudent lors du déplacement des hommes, car un faux mouvement peut à tout moment mettre en danger l'ensemble du jeu.

Avec une pratique constante, n'importe qui peut rapidement devenir un joueur très juste, mais même après que le jeu n'ait été joué que quelques fois, il deviendra très intéressant.

Dominos

Il existe plusieurs façons de jouer aux dominos, mais le jeu suivant est le plus simple :

Les dominos sont placés sur la table, face cachée, et chaque joueur en prend un pour décider qui doit jouer en premier. Celui qui tire la pierre avec le plus grand nombre de pépins prend la tête. Les deux pierres sont ensuite remises parmi le reste ; les dominos sont ensuite mélangés, face cachée, et les joueurs choisissent chacun sept pierres, en les plaçant debout sur la table, de manière que chacun puisse voir ses propres pierres, sans pouvoir négliger celles de son adversaire.

Comme il y a vingt-huit pierres dans un ensemble ordinaire, il en restera quatorze parmi lesquelles tirer.

Le joueur qui a pris la tête place désormais une pierre, face visible, sur la table. Supposons qu'il s'agisse d'un double-six, l'autre joueur est tenu de poser une pierre sur laquelle apparaît six, en plaçant le six à côté du double-six. Peut-être pourrait-il mettre six-quatre ; le premier joueur met alors six-cinq, en plaçant son six contre le six opposé du double-six ; le second suit avec cinq-quatre, plaçant son cinq contre les cinq déjà sur la table ; ainsi, voyez-vous, les joueurs sont tenus de poser une pierre qui correspond à une extrémité à l'un des numéros d'extrémité de celles déjà jouées. Chaque fois qu'un joueur n'a pas de numéro correspondant, il doit tirer parmi les quatorze qui ont été laissés de côté à cet effet. Si, lorsque douze de ces quatorze pierres sont épuisées, il ne peut jouer, il perd son tour et son adversaire joue à sa place. Les deux dominos restants ne doivent pas être tirés.

Lorsqu'un des joueurs a épuisé tous ses dominos, son adversaire montre ceux qui lui restent, les points sont alors comptés et le nombre de points est porté au compte du joueur qui est sorti le premier.

Si aucun joueur ne peut jouer, les pierres sont retournées face visible sur la table, et celui qui a le plus petit nombre de pips marque comme suit : Si les pips d'un joueur comptent dix et ceux de l'autre joueur cinq, le cinq est déduit. sur les dix, laissant cinq à marquer par le joueur dont les pépins n'en comptaient que cinq.

Les dominos sont à nouveau mélangés, le deuxième joueur prenant cette fois le devant, et le jeu se déroule ainsi jusqu'à ce que l'un ou l'autre en ait marqué une centaine, le premier à le faire remportant la partie.

Ce jeu se joue généralement à deux seulement, bien qu'il soit possible d'y participer à quatre, cinq ou même six ; mais, dans ce cas, ils ne peuvent évidemment pas prendre sept pierres chacun, ils doivent donc partager les pierres également entre eux, en laissant quelques-unes pour en tirer, s'ils le préfèrent ; sinon, ils peuvent tous les diviser.

Gravier vert

Dans ce jeu, les enfants se donnent la main et marchent en cercle en chantant les mots suivants :

Du gravier vert, du gravier vert, ton herbe est si verte,

La jeune demoiselle la plus belle que l'on ait jamais vue.

Je te laverai dans du lait nouveau et je t'habillerai de soie,

Et écrivez votre nom avec une plume et de l'encre dorées.

Oh! (Marie) Oh ! (Marie) ton véritable amour est mort;

Il vous a envoyé une lettre pour vous faire tourner la tête.

Lorsque les joueurs arrivent à cette partie de la chanson, « Oh, Mary ! ils nomment un membre de la société ; lorsque la chanson est terminée, celle nommée doit se retourner à droite et faire face à l'extérieur du ring, tournant le dos à tous les autres joueurs. Elle joint ensuite les mains dans cette position et le jeu continue comme avant jusqu'à ce que tous les joueurs soient tournés vers l'extérieur. Ils recommencent ensuite, jusqu'à ce qu'ils soient tous face à l'intérieur du ring comme au début.

Cinq et trois

Il s'agit d'un autre jeu qui se joue avec des dominos et qui est l'un des plus populaires. C'est une excellente pratique du comptage, et le succès dans ce domaine dépend, dans une très large mesure, de l'habileté à le faire. Deux, trois ou quatre joueurs peuvent participer à ce jeu. Après que les dominos ont été mélangés, face cachée, chaque joueur prend un nombre égal de pierres, en laissant toujours trois au moins sur la table ; aucun joueur, cependant, ne peut en prendre plus de sept, et il vaut peut-être mieux en limiter le nombre à cinq.

En jouant aux dominos, il faut toujours garder à l'esprit qu'une extrémité du domino à jouer doit toujours correspondre en nombre avec l'extrémité du domino contre lequel il doit être placé.

Le but du jeu est de faire autant de « cinq » et de « trois » que possible ; par exemple, un joueur devrait toujours faire apparaître quinze sur le domino s'il le peut, car trois se divise en quinze cinq fois, et cinq se divise en quinze trois fois, et il marquerait ainsi 8 (trois et cinq). La façon de compter est d'additionner les deux extrémités, en essayant toujours, bien sûr, de rendre le nombre aussi élevé que possible, et d'en faire un nombre dans lequel trois ou cinq se diviseront, comme si un nombre était formé dans lequel ces nombres ne se diviseront pas, aucun score n'en résultera.

Supposons qu'il y ait deux joueurs, A et B. A commence la partie en jouant le double-six, pour lequel il marque 4 (trois divisant en douze quatre fois). B joue ensuite le six-trois, ce qui fait quinze, et obtient ainsi 8 (le score le plus élevé possible, comme expliqué ci-dessus). Un joueur suivant joue le double-trois, ce qui fait dix-huit, et marque 6 (trois divisant en dix-huit six fois). B joue ensuite six blancs sur le double six du côté gauche et marque 2 (trois divisant deux fois en six). A tenant le trois blanc, le place sur l'extrémité vierge, faisant le nombre neuf, et marque 3. B joue ensuite le trois quatre, ce qui fait dix, et 2 est ajouté à son score (cinq divisant deux fois en dix). Ainsi le jeu se déroule, chaque joueur essayant de faire autant de cinq et de trois que possible.

JEUX PAPIER ET CRAYON

Oiseaux, bêtes et poissons

Prenez votre crayon et écrivez sur le dessus de votre papier les mots « Oiseaux, bêtes et poissons ». Dites ensuite à votre compagnon que vous allez penser, par exemple, à un animal. Notez la première et la dernière lettre du nom en complétant par des croix les lettres omises. Par exemple, écrivez sur le papier C*******e. Votre compagnon devrait penser à tous les noms d'animaux dont il se souvenait et qui contenaient neuf lettres, commençaient par la lettre C et se terminaient par « e ». Si le deuxième joueur, après avoir deviné plusieurs fois, "abandonne", le premier joueur lui dirait que l'animal auquel il pensait était "Crocodile", puis penserait à un autre oiseau, bête ou poisson et l'écrirait de la même manière. manière. Si toutefois on devinait le nom de l'animal, ce serait au tour du deuxième joueur de prendre le papier et le crayon.

Morpion

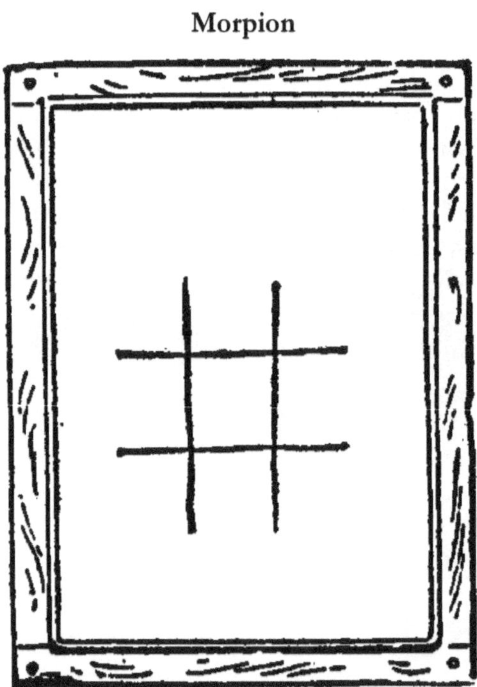

C'est un jeu que chaque garçon ou fille apprécie vraiment. Prenez du papier et, avec un crayon, tracez quatre lignes transversales comme indiqué :

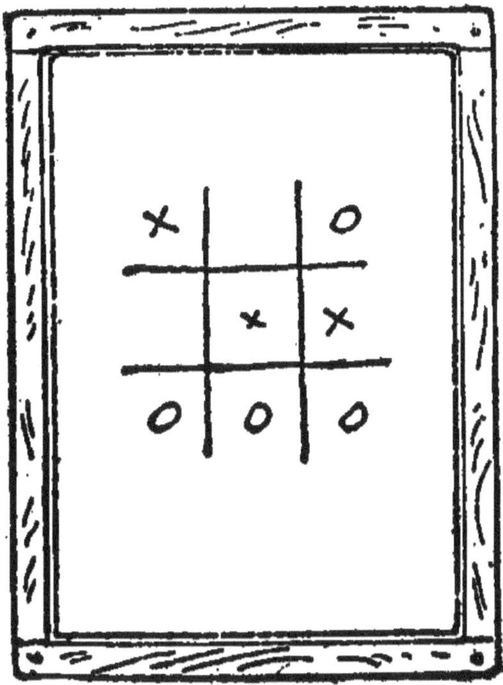

Deux personnes seulement peuvent jouer à ce jeu, l'un prenant des « zéros », l'autre des « croix ». L'idée est qu'un joueur essaie de tirer trois « zéros » sur une ligne avant que l'autre joueur puisse faire de même avec trois « croix ». Supposons que le joueur qui place son « O » dans le coin supérieur droit, le joueur qui a pris les « croix » placera peut-être un « X » dans le coin supérieur gauche. Le prochain « O » serait placé dans le coin inférieur gauche ; puis pour éviter que la ligne de trois « zéros » ne soit complétée, le deuxième joueur placerait son « X » sur la case centrale. Un « O » serait alors immédiatement placé dans le coin inférieur droit, de sorte que partout où le « X » serait placé par le joueur suivant, les « zéros » seraient forcément gagnants. Supposons, par exemple, que le "X" ait choisi le début des "zéros" et qu'il ait été placé dans le carré central du côté droit, l'endroit où le "O" doit être placé serait le carré central en bas, donc sécuriser le jeu. Le diagramme apparaîtrait alors comme illustré :

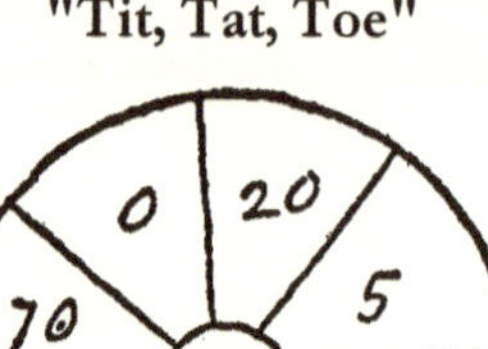

Il peut y avoir deux, trois ou quatre joueurs pour ce jeu. Prenez d'abord du papier et un crayon et écrivez les noms des joueurs en haut du papier dans l'ordre dans lequel ils doivent jouer. Dessinez ensuite un grand cercle, au centre duquel dessinez un plus petit, en y plaçant le nombre 100. L'espace entre les cercles intérieur et extérieur doit être divisé en parties, chacune portant un numéro, comme indiqué sur le schéma.

Ceci fait, le premier joueur ferme les yeux, prend le crayon et pose sa main sur le papier, la pointe du crayon le touchant à peine. Il répète ensuite la comptine suivante, tout en déplaçant le crayon en rond :

Mésange, tatou, orteil,

Mon premier essai,

Quatre joyeux bouchers

Tout d'affilée.

Collez-en un,

Collez-en un,

Collez-en un dedans

La couronne du vieil homme.

Au mot « couronne », le joueur doit maintenir la pointe du crayon fermement sur le papier et ouvrir les yeux. Si le crayon n'est pas à l'intérieur du cercle, ou s'il est à l'intérieur mais avec la pointe du crayon posée sur une ligne, alors le joueur donne le crayon au joueur suivant, sans rien marquer.

Si, au contraire, à la fin de la comptine, le crayon se trouve posé dans une division du cercle, par exemple marquée « 70 », ce numéro est placé sous le nom du joueur, et la section est frappée par tracer une ligne à travers. Si ensuite le crayon reste dans une division du cercle qui a été barrée, le joueur perd son tour de la même manière que si le crayon n'était pas du tout dans le cercle, ou s'il avait reposé sur une ligne du diagramme.

Le jeu continue jusqu'à ce que toutes les divisions du cercle aient été décomptées, lorsque les nombres gagnés par chacun des joueurs sont additionnés, et celui qui a marqué le plus grand nombre de points remporte la partie.

JEUX DE CARTES

Spéculation

La spéculation est un jeu auquel un nombre illimité de personnes peuvent jouer. Les enjeux sont réalisés avec des jetons ou des écrous, et la valeur des enjeux est réglée par l'entreprise. L'atout le plus élevé de chaque donne remporte la poule.

Lorsque le croupier a été choisi, il met, disons, six jetons dans la réserve et tous les autres joueurs en mettent quatre ; trois cartes sont distribuées à chaque personne, mais elles doivent être distribuées une à la fois ; une autre carte est ensuite révélée et appelée l'atout. Les cartes doivent être laissées sur la table, mais le joueur à la gauche du croupier retourne sa carte du dessus afin que tous puissent la voir. S'il s'agit d'un atout, c'est-à-dire s'il est de la même couleur que la carte révélée par le croupier, le propriétaire peut soit garder sa carte, soit la vendre, et les autres joueurs enchérissent à leur tour. Bien entendu, le propriétaire le vend au prix le plus élevé possible.

Le joueur suivant retourne alors sa carte, la garde ou la vend, et ainsi le jeu continue jusqu'à ce que toutes les cartes aient été montrées et éliminées, puis le joueur qui détient l'atout le plus élevé soit dans sa main, soit parmi les cartes. il a acheté, prend le pool, et il y a une autre affaire.

Si aucun des autres joueurs n'a d'atout en main et que la carte retournée n'a pas été achetée par un autre joueur, le croupier prend la mise.

Si quelqu'un regarde ses cartes hors de son tour, on peut lui faire retourner les trois, afin que toute la compagnie puisse les voir.

À quatre pattes

Ce jeu tire son nom des quatre chances ou points qui le composent, à savoir « High », « Low », « Jack » et « Game ». Il peut être joué par deux ou quatre joueurs, mais les mêmes règles s'appliquent à chacun.

Les quatre points déjà mentionnés comptent comme suit : « Haut », le plus haut l'emporte ; le titulaire marque un point. « Bas », le plus bas l'emporte ; son détenteur initial marque un point même s'il est pris par son adversaire. "Jack", le valet des atouts ; le détenteur marque un point, à moins qu'il ne soit gagné par son adversaire, auquel cas le vainqueur en marque un. « Jeu », le plus grand nombre de tours gagnés par l'une ou l'autre des parties ; en comptant pour chaque As quatre vers le jeu, chaque Roi trois vers le jeu, chaque Dame deux vers le jeu, chaque Valet un vers le jeu, chaque Dix dix vers le jeu.

Les autres cartes ne comptent pas pour le jeu ; ainsi, il peut arriver qu'une donne soit jouée sans qu'aucune des parties n'ait à marquer pour le « Jeu ».

Lorsque les joueurs ont un nombre égal, le croupier ne marque pas de points.

La mendicité se produit lorsque le joueur suivant que le croupier n'aime pas ses cartes et dit : « Je vous en supplie », auquel cas le croupier doit soit le laisser en marquer une en disant : « Prenez-en une », soit donner trois cartes supplémentaires du paquet à tous. les joueurs puis retournez la carte suivante pour les atouts ; si l'atout révélé est de la même couleur que le précédent, le croupier doit donner trois autres cartes jusqu'à ce qu'une couleur différente présente des atouts. Dans ce jeu, l'as est la carte la plus haute et le deux (les deux) est la carte la plus basse.

Après avoir mélangé et coupé un paquet de cartes, le croupier en donne six à chaque joueur. S'il y en a deux qui jouent, il révèle la treizième carte comme atout ; s'il y en a quatre, il trouve le vingt-cinquième. Si le turn-up est un valet, le croupier marque un point. Le joueur suivant le croupier regarde sa main et soit la tient, soit « supplie », comme expliqué.

Le jeu commence alors par le joueur suivant le croupier menant une carte, les autres emboîtant le pas, la carte la plus haute prenant le pli, et ainsi de suite jusqu'à ce que les six tours soient gagnés. Lorsque les six tours sont joués, les points sont attribués pour High, Low, Jack et Game.

Si aucun joueur n'a de carte de terrain ou de dix, le joueur à côté du croupier marque le point pour la partie. Si un seul atout doit être éliminé, il compte à la fois le haut et le bas pour le joueur qui l'a en premier. La première grande chose dans ce jeu est d'essayer de gagner le cochonnet ; Ensuite, vous devez essayer de faire les dizaines ; et vous devez également essayer de gagner les tours.

Instantané

Le paquet de cartes est distribué en rond, face cachée, et chaque joueur rassemble ses cartes, sans les regarder, puis les place devant lui.

Le premier joueur retourne ensuite la première carte de son paquet, le suivant fait de même, et ainsi de suite à son tour ; mais, dès qu'un joueur montre une carte correspondant en nombre à celle déjà posée, découverte, sur la table, l'un des deux à qui appartiennent les cartes crie : « Snap ».

Celui qui parvient à le dire en premier prend non seulement la carte instantanée de l'autre joueur, mais toutes les cartes qu'il a déjà révélées, ainsi que celles qu'il a lui-même découvertes. Les cartes qu'il gagne doivent être placées au bas de son propre paquet.

Celui qui réussit à remporter toutes les cartes remporte la partie. Il faut être très attentif et très rapide si l'on veut réussir à ce jeu.

Il existe un jeu très similaire à celui ci-dessus appelé "Animal Snap". Chaque joueur prend le nom d'un animal, et au lieu de crier « Snap », il doit crier le nom de l'animal choisi par le joueur qui a retourné la dernière carte. Par exemple, supposons qu'un cinq soit affiché et qu'un joueur qui a choisi le nom de « Tigre » en présente cinq autres, au lieu de crier « Snap », « Tigre » serait appelé si « Tigre » ne parvenait pas à crier l'autre. le nom du joueur en premier.

Couper, casser, ronfler

C'est un jeu de premier ordre et très excitant. Un nombre illimité de joueurs peuvent y participer et la totalité des cinquante-deux cartes est distribuée.

Chaque joueur dispose de cinq pions et il y a une réserve au milieu, qui est vide au début de la partie.

Le premier joueur joue une carte - disons que c'est un six - puis celui à côté de lui regarde ses cartes, et s'il en a encore un six, il la pose et dit : « Snip » ; le premier joueur doit alors payer un jeton dans la cagnotte.

Si le joueur suivant a la chance d'en avoir six autres, il le joue et dit "Snap", et celui qui est cassé doit payer à son tour, mais l'amende est portée à deux jetons. Si le quatrième joueur a le quatrième six, il le joue et dit : « Snorum », et le troisième joueur doit maintenant payer ; son amende est de trois jetons à la piscine. Personne ne peut jouer hors de son tour, et chacun doit « couper

» quand cela est en son pouvoir. Quand quelqu'un a payé la totalité de ses cinq jetons au pool, il se retire de la partie ; la piscine devient la propriété de celui dont les comptoirs durent le plus longtemps.

Vieille fille

D'un paquet de cartes, sortez une reine, mélangez les cartes et distribuez-les, face cachée, de manière égale entre tous les joueurs. Les cartes doivent ensuite être prises, les paires triées et jetées sur la table. Par « paires », on entend deux rois, ou deux cinq, et ainsi de suite. Lorsque toutes les paires ont été triées, le croupier offre le reste de ses cartes à son voisin au feutre, qui tire n'importe quelle carte de son choix, bien qu'il ne soit autorisé à voir que le dos de celles-ci. Le joueur qui a tiré regarde ensuite les cartes pour voir s'il peut les associer à celle qu'il tient en main ; s'il le peut, il jette les deux hommes dehors ; sinon, il doit la placer avec ses autres cartes. C'est maintenant à son tour d'offrir ses cartes à son voisin, et ainsi de suite jusqu'à ce que toutes les cartes soient appariées, sauf, bien sûr, l'étrange carte qui est la compagne de la reine bannie. La titulaire de cette carte est « la vieille fille ».

Pape Jeanne

Ce jeu amusant s'adresse à un nombre illimité de joueurs et se joue avec une planche de bois divisée en compartiments ou en bassins et peut être acheté à bas prix dans n'importe quel magasin de jouets pour une petite somme. A défaut de tableau, utilisez une feuille de papier délimitée en carrés.

Avant de distribuer, le huit de carreau est retiré du paquet, et la transaction est réglée en coupant les cartes, et celui qui trouve le premier valet est le croupier.

Le croupier mélange ensuite les cartes et son voisin de gauche les coupe. Le croupier doit ensuite « habiller le plateau », c'est-à-dire qu'il doit placer des pions dans les pools, qui sont tous marqués différemment. Voici la façon d'habiller le plateau : un pion pour chaque as, roi, dame, valet et jeu, deux pour le mariage (roi et reine), deux pour l'intrigue (dame et valet) et six pour le neuf de carreau. qui est le Pape. Sur un tableau approprié, vous les verrez marqués.

Les cartes sont alors distribuées aux joueurs, à l'exception d'une carte qui est retournée comme atout, et de six ou huit qui sont mises de côté pour former les arrêts ; les quatre rois et les sept de carreau sont également toujours des arrêts.

Si un as, un roi, une dame ou un valet se révèlent comme atouts, le croupier peut prendre tout ce qui se trouve dans le compartiment portant cette marque ; mais lorsque Pope présente des atouts, le croupier prend tous les pions du compartiment Pope ainsi que ceux du compartiment "jeu", en plus d'un pion pour chaque carte distribuée à chaque joueur, qui doit, bien entendu, être payé par le joueurs. Il y a alors une nouvelle donne.

Il est cependant très rare que le pape se présente comme un atout ; lorsque cela ne se produit pas, le joueur à côté du croupier commence à jouer, en essayant de se débarrasser du plus grand nombre de cartes possible. Il mène d'abord les cartes dont il sait qu'elles seront stop, puis Pope, s'il l'a, et ensuite la carte la plus basse de sa couleur, en particulier un as, car on ne peut jamais y accéder. Les autres joueurs suivent quand ils le peuvent ; par exemple, si le leader joue le deux de carreau, celui qui détient le trois le joue, quelqu'un le suit avec le quatre, et ainsi de suite jusqu'à ce qu'un arrêt se produise ; celui qui joue la carte qui fait un arrêt devient leader et peut jouer ce qu'il veut.

Cela continue jusqu'à ce qu'une personne se sépare de toutes ses cartes, grâce à quoi elle gagne les jetons dans le compartiment "jeu" et reçoit des joueurs un jeton pour chaque carte qu'ils détiennent. Si quelqu'un tient le Pape, il est dispensé de payer, à moins qu'il ne l'ait joué.

Celui qui joue l'une des cartes comportant des pools ou des compartiments prend les pions de ce pool. Si l'une de ces cartes n'est pas jouée, les compteurs restent en jeu pour la partie suivante.

"Je te soupçonne"

Ce jeu peut être joué par n'importe quel nombre de personnes. Dès que les cartes ont été distribuées et que les joueurs ont examiné leurs mains, celui qui se trouve à gauche du croupier joue la carte la plus basse qu'il possède (l'as comptant la plus basse). Il doit poser la carte face cachée sur la table, en criant de quoi il s'agit. Le joueur suivant pose également une carte, face cachée, et appelle le numéro suivant ; par exemple, si le n° 1 pose une carte et dit « Un », le n° 2 dit « Deux », le n° 3 « Trois », et ainsi de suite.

Il n'est pas nécessaire que la carte déposée soit réellement celle annoncée. Le plaisir du jeu est de poser la mauvaise carte sans que personne ne vous soupçonne. Naturellement, il n'est pas fréquent que les cartes s'enchaînent, car personne ne peut jouer hors de son tour, et si un joueur pense qu'un autre a posé la mauvaise carte, il dit : « Je vous soupçonne ». Le joueur doit alors montrer sa carte, et si ce n'est pas celle qu'il a dit, il doit prendre toutes les cartes posées et les ajouter à son paquet ; Toutefois, si la carte s'avère être la bonne, alors l'accusateur doit prendre les cartes. Le joueur qui réussit le premier à se débarrasser de ses cartes remporte la partie.

Mendiant mon voisin

Les cartes sont distribuées de manière égale aux joueurs. Le premier joueur pose une carte, face visible, sur la table. S'il s'agit d'une carte commune, c'est-à-dire un deux ou un trois, ou autre chose qu'une carte illustrée ou un as, ses voisins déposent leurs cartes à tour de rôle jusqu'à ce qu'une carte du tribunal (c'est-à-dire une carte illustrée ou un as) tourne. en haut.

Si enfin un as est joué, le voisin de celui qui le joue doit lui payer quatre cartes ; si c'est un roi, trois cartes, si c'est une reine, deux et si c'est un valet, une. Celui qui a joué la carte du tribunal prend également toutes les cartes qui ont été jouées et les met sous son propre paquet. Mais si, en jouant pour une carte de terrain, l'un des joueurs pose une autre carte de terrain, alors son voisin doit le payer et il prend le paquet entier à la place du joueur précédent. Parfois, il arrive qu'un deuxième joueur qui paie pose une carte de terrain, et que le troisième joueur qui paie en pose une autre, et ainsi de suite, jusqu'à ce que le quatrième ou le cinquième joueur finisse par obtenir les cartes.

Énigmes

Peu d'enfants pensent qu'ils se lasseront un jour de jouer à des jeux ; mais tout de même, vers la fin d'une longue soirée passée joyeusement à danser et à jouer, les petits commencent à être trop fatigués pour jouer plus longtemps, et il est bien difficile de les amuser.

Vient ensuite le temps des énigmes ! Les enfants peuvent s'asseoir tranquillement dans la pièce, se reposer après leurs ébats et leurs rires, tout en restant profondément intéressés et en essayant de deviner des énigmes.

Il est cependant très difficile de se souvenir d'un certain nombre de bons et de risibles, c'est pourquoi nous en donnerons une liste, qui suffira amplement à intriguer une salle remplie de petits gens pendant plusieurs heures.

Pourquoi les gens fatigués ressemblent-ils aux roues d'un chariot ? Réponse : Parce qu'ils sont fatigués.

Une vieille femme en manteau rouge passait devant un champ dans lequel une chèvre se nourrissait. Quelle étrange transformation s'est produite soudainement ? Réponse : La chèvre s'est transformée en beurre (coupez-la) et la femme en coureur écarlate.

Pourquoi un canard va-t-il dans l'eau ? Réponse : Pour diverses raisons.

Épelez « cochon aveugle » en deux lettres. P.G. ; un cochon sans moi.

Quel oiseau peut soulever les poids les plus lourds ? La grue.

Pourquoi un sage est-il comme une épingle ? Il a une tête et arrive à un point.

Pourquoi un Juif en fièvre est-il comme un diamant ? Parce qu'il est juif et malade.

Pourquoi les charpentiers peuvent-ils raisonnablement croire que la pierre n'existe pas ? Parce qu'ils ne l'ont jamais vu.

Qu'est-ce qui est mis sur la table et coupé, mais jamais mangé ? Un paquet de cartes.

Quand un fermier peut-il doubler un mouton sans lui faire de mal ? Quand il le plie.

Qu'est-ce qui vit de sa propre substance et meurt après s'être dévoré ? Une bougie.

Pourquoi un chien se mord-il la queue comme un bon manager ? Parce qu'il parvient à joindre les deux bouts.

Quelle est la chose qui est plus basse avec une tête que sans tête ? Un oreiller.

Quel est le côté gauche d'un pudding aux prunes ? Ce qui ne se mange pas.

Quelle lettre de l'alphabet faut-il pour fabriquer une chaussure ? Le dernier.

Si toutes les mers étaient asséchées, que dirait tout le monde ? Nous n'avons pas de notion (d'océan).

Pourquoi est-il certain que « La Case de l'oncle Tom » n'a pas été écrit de la main de son auteur réputé ? Parce qu'il a été écrit par l'orteil de Mme Beecher (Stowe).

Pourquoi un poissonnier n'est-il jamais généreux ? Parce que son business lui fait vendre du poisson (égoïste).

Qu'est-ce qui marche quand ça joue et joue quand ça marche ? Une fontaine.

Quel est ce dont vous pouvez retirer le tout et pourtant il en restera un peu ? Le mot sain.

Pourquoi les volailles sont-elles la chose la plus économique qu'un agriculteur puisse élever ? Parce que pour chaque grain, ils donnent un coup de bec.

Pourquoi est-il dangereux de se promener dans les prés au printemps ? Parce que les arbres tirent et que le jonc est sorti (le taureau se précipite).

Pourquoi une vigne est-elle comme un soldat ? Parce qu'il est répertorié et possède dix forets (vrilles) et pousses.

Si un homme qui transporte une douzaine de lampes en verre en laisse tomber une, que devient-il ? Un briquet de lampe.

Qu'est-ce qui vous appartient, mais qui est davantage utilisé par vos amis que par vous-même ? Votre nom.

Un homme avait vingt (six) brebis malades et une est morte ; combien en restait-il ? Dix-neuf.

Quel est le meilleur jour pour faire une crêpe ? Vendredi.

Qu'est-ce que tout le monde a vu mais ne reverra jamais ? Hier.

Quelles sont les quatre lettres qui effrayeraient un voleur ? OCI U.

Pourquoi une araignée est-elle une bonne correspondante ? Parce qu'il laisse une ligne à chaque message.

Quand l'horloge dans les escaliers est-elle dangereuse ? Quand il s'épuise.

Pourquoi la lettre « k » ressemble-t-elle à une queue de cochon ? Parce que ça vient à la fin du porc.

Quelle est la clé des bonnes manières ? B naturel.

Pourquoi un billet de cinq dollars est-il beaucoup plus rentable que cinq dollars en argent ? Parce que lorsque vous le mettez dans votre poche, vous le doublez, et lorsque vous le retirez, vous le trouverez augmenté.

Pourquoi une montre est-elle comme une rivière ? Parce qu'il ne dure pas longtemps sans enroulement.

Qu'est-ce que celui qui vole haut, vole bas, n'a pas de pieds et pourtant porte des chaussures ? Poussière.

Quel est le plus petit pont du monde ? L'arête de votre nez.

Quand un homme a-t-il quatre mains ? Quand il double les poings.

Sur quels arbres le feu n'a-t-il aucun effet ? Frênes; car lorsqu'ils sont brûlés, ils sont encore des cendres.

Quelle est la différence entre un maître d'école et un mécanicien ? L'un s'occupe du train et l'autre entraîne l'esprit.

Qu'est-ce qui va de Chicago à Philadelphie sans bouger ? La route.

Qu'est-ce qui est le plus facile à épeler : violon-de-dee ou violon-de-dum ? Fiddle-de-dee, parce qu'il s'écrit avec plus de « e ».

Quand peut-on dire qu'une chaise ne vous aime pas ? Quand il ne peut pas te supporter.

Quel animal a emporté le plus de bagages dans l'Arche, et lesquels en ont emporté le moins ? L'éléphant, qui prenait sa trompe, tandis que le renard et le coq n'avaient entre eux qu'une brosse et un peigne.

Si un ours entrait dans un magasin de mercerie, que voudrait-il ? Il voudrait museler.

Pourquoi le premier jour de la vie d'Adam a-t-il été le plus long ? Parce qu'il n'y avait pas d'Ève.

Pourquoi une blanchisseuse est-elle comme une navigatrice ? Parce qu'elle étend ses draps, franchit la ligne et va de poteau en poteau.

Pourquoi un tailleur ne s'occupe-t-il pas de ses affaires ? Parce qu'il coupe toujours.

Quand un cheval peut-il être de couleur vert d'eau ? Quand c'est une baie.

Pourquoi les gants n'ont-ils jamais été destinés à être vendus ? Parce qu'ils sont faits pour être gardés à portée de main.

Quand sommes-nous tous artistes ? Quand on dessine un visage long.

Pourquoi les chiens de garde sont-ils plus gros la nuit que le jour ? Parce qu'ils sont libérés la nuit et récupérés le matin.

Pourquoi B est-il comme un feu brûlant ? Parce que ça fait bouillir l'huile.

Pourquoi un maître d'école est-il comme un cireur ? Parce qu'il peaufine la compréhension du peuple.

Quand un commerçant est-il toujours au-dessus de ses affaires ? Quand il habite au-dessus de son magasin.

Quelle est la ville la plus animée du monde ? Berlin; parce que c'est toujours sur la Spree.

Pourquoi un nénuphar ressemble-t-il à une baleine ? Parce qu'ils remontent tous les deux à la surface pour souffler.

Pourquoi un cordonnier est-il le plus industrieux des hommes ? Parce qu'il travaille jusqu'au bout.

Qu'est-ce que la tenue de livres ? Oublier de restituer les volumes empruntés.

Pourquoi arracher un navet est-il un processus bruyant ? Parce que ça le rend creux.

Pourquoi les dents sont-elles comme des verbes ? Parce qu'ils sont réguliers, irréguliers et défectueux.

Quels navires naviguent rarement hors de vue ? Des difficultés.

Quand un artiste est-il une personne dangereuse ? Quand ses créations sont mauvaises.

Pourquoi les peignes en écaille de tortue ressemblent-ils à des citadelles ? Ce sont des forteresses.

Pourquoi l'isthme de Suez ressemble-t-il au premier « u » du concombre ? Parce que c'est entre deux "c" (mers).

Quel motif a conduit à l'invention des chemins de fer ? La locomotive.

Pourquoi les personnes sourdes aiment-elles les fromages hollandais ? Parce que vous ne pouvez pas les faire ici.

Quel est le meilleur moment pour récupérer un œuf frais en mer ? Quand le navire s'approchera.

Qui a été le premier siffleur ? Le vent.

Pourquoi un voyageur ne meurt-il jamais de faim dans le désert ? A cause du sable qui s'y trouve (des sandwiches).

Pourquoi la sympathie est-elle comme le colin-maillard ? Parce que c'est un sentiment de camaraderie envers un autre être.

Si un Français tombait dans un baquet de suif, avec quel mot exprimerait-il sa situation ? Je bavarde dans le gras. (Infatigable.)

Pourquoi un dîner à bord d'un bateau à vapeur ressemble-t-il au jour de Pâques ? Parce que c'est une fête mobile.

Épelez « ennemi » en trois lettres. FO E.

Pourquoi un petit bonhomme ressemble-t-il à un bon livre ? Parce qu'il est souvent négligé.

Pourquoi un cochon dans un salon comme une maison est-il en feu ? Parce que plus tôt il sera publié, mieux ce sera.

Quelle est la différence entre un soldat et une bombe ? L'un part en guerre, l'autre s'effondre.

Quelle est la seule façon pour un léopard de changer ses taches ? En passant d'un endroit à un autre.

Pourquoi Ève n'a-t-elle jamais eu peur de la rougeole ? Parce qu'elle serait Adam.

Quand un homme de grande taille est-il un peu petit ? Quand il n'a pas assez d'argent.

Quelles maisons sont les plus faciles à cambrioler ? Les maisons des chauves ; parce que leurs serrures sont peu nombreuses.

Pourquoi une montre est-elle la chose la plus difficile à voler ? Parce qu'il faut le prendre au dépourvu.

Pourquoi n'y a-t-il jamais personne à la maison dans un couvent ? Parce que c'est un (n) lieu inhabité.

Pourquoi une personne qui n'est pas belle fait-elle un meilleur charpentier qu'une personne qui l'est ? Parce qu'il est beaucoup plus clair.

Quel est le meilleur arbre pour maintenir l'ordre ? Le bouleau.

Pourquoi la cordonnerie est-elle le métier le plus simple ? Parce que les chaussures sont toujours semelles avant d'être fabriquées.

Quelle plante représente le n°4 ? IV.

Comment un jardinier peut-il devenir économe ? En tirant le meilleur parti de son thym, et en mettant toujours un peu de céleri en banque.

Pourquoi est-il probable que la bière ait été fabriquée dans l'arche ? Parce que le kangourou y entra avec du houblon, et l'ours était toujours brun.

"Quelle est la chose la plus importante que vous ayez vue à l'Exposition universelle de Panama ?" a demandé une femme à son mari. "Ma facture d'hôtel !" a-t-il dit.

Pourquoi C ressemble-t-il à une institutrice ? Parce qu'il forme les filles en classes.

Qu'est-ce qui ne pose jamais de questions et exige pourtant de nombreuses réponses ? La porte de la rue.

Si un homme se cognait la tête contre le plafond d'une pièce, de quel article de papeterie lui serait-il fourni ? Coups de plafond (cire à cacheter).

Quel est le plus vieil arbre du pays ? Le sureau.

Quel est le mot le plus long de la langue anglaise ? Des sourires ; parce qu'il y a un mile entre la première et la dernière lettre.

Qu'est-ce qui arrive deux fois en un instant et non une fois tous les mille ans ? La lettre M.

Combien de côtés y a-t-il à un arbre ? Deux, à l'intérieur et à l'extérieur.

Dans quelle mer un homme aimerait-il le plus se trouver par temps pluvieux ? Un grenier sec (Adriatique).

Pourquoi le café ressemble-t-il à une hache au tranchant émoussé ? Parce qu'il doit être broyé avant d'être utilisé.

Quelle est la différence entre un flacon de médicament et un garçon gênant ? L'un doit être bien secoué avant d'être pris, et l'autre doit être pris puis secoué.

Qu'est-ce qui fait plus de bruit qu'un cochon sous un portail ? Deux cochons.

Quand une porte n'est-elle pas une porte ? Quand c'est un pot.

Quelle est la différence entre un vilain garçon et un timbre-poste ? Parce que l'un est collé avec un bâton et l'autre avec un bâton.

Pourquoi Guillaume Tell a-t-il frémi en tirant la pomme de la tête de son fils ? Parce que c'était une flèche de fuite pour son enfant.

Qu'est-ce que plus vous en prenez, plus il grandit ? Un trou.

Quel est le meilleur terrain pour les petits chatons ? Laponie.

Pourquoi un homme devrait-il toujours porter une montre lorsqu'il voyage dans un désert sans eau ? Parce que chaque montre possède un ressort.

De quel métier est le soleil ? Un tanneur.

Quelle relation y a-t-il entre un paillasson et une porte ? Beau-père(r)père.

Qu'est-ce que vous ne pouvez pas tenir dix minutes, bien qu'il soit aussi léger qu'une plume ? Ton souffle.

Quel est le pire temps pour les rats et les souris ? Quand il pleut, chats et chiens.

Qu'est-ce qui n'utilise jamais ses dents pour manger ? Un peigne.

Quand deux pommes sont-elles semblables ? Une fois paré.

Quelle est la différence entre un aveugle et un marin en prison ? L'un ne peut pas voir pour partir et l'autre ne peut pas prendre la mer.

Pourquoi un gâteau aux prunes ressemble-t-il à l'océan ? Parce qu'il contient tellement de groseilles.

Quel pudding fait le meilleur joueur de cricket ? Une bonne pâte.

Quand un marin n'est-il pas un marin ? Quand il sera à bord.

Pourquoi la neige est-elle différente de dimanche ? Parce que cela peut tomber n'importe quel jour de la semaine.

Quel métier diriez-vous à un petit garçon ? Cultivez monsieur (épicier).

Quel arbre est le plus proche de la mer ? Le hêtre.

Pourquoi un jeu de cartes ressemble-t-il à un parc à bois ? Parce qu'il y a toujours beaucoup de bonnes affaires.

Pourquoi une botte serrée ressemble-t-elle à un chêne ? Parce qu'il produit un maïs (gland).

Pourquoi une ville irlandaise est-elle probablement la plus grande ville du monde ? Car chaque année c'est Dublin (doublement).

Quelle est la façon la plus simple d'avaler une porte ? Boulonnez-le.

Pourquoi un maître de danse ressemble-t-il à un arbre ? À cause de ses arcs (branches).

Nommez un mot de cinq lettres dont si vous en prenez deux mais "un" reste. Pierre.

Pourquoi A est-il midi ? C'est le milieu du "jour"

Quand un homme est-il plus mince qu'une latte ? Quand il se rase.

Lecture de pensée

C'est un très bon jeu, qui provoque toujours beaucoup d'amusement et, s'il est habilement exécuté, il mystifiera avec beaucoup de succès toute la société.

Il est nécessaire que le joueur qui doit jouer le rôle de lecteur de pensées ait un complice, et le jeu se joue alors comme suit :

Le lecteur de pensée, après avoir fait en sorte que le complice écrive un certain mot, commence par demander à quatre membres de la compagnie d'écrire chacun un mot sur un morceau de papier, de le plier de manière à ce qu'il ne soit pas visible, puis pour le lui transmettre. Le confédéré, bien sûr, se porte volontaire pour créer l'un des quatre et écrit le mot préalablement convenu, qui est, nous le supposerons, « Ohio ».

Le lecteur de pensées place les bouts de papier entre ses doigts, en prenant soin de mettre le papier de son compère entre le troisième et l'auriculaire ; il prend ensuite le papier plié entre son pouce et son index et le passe, plié tel quel, sur son front, à chaque frottement en mentionnant une lettre, comme O, rub, H, rub, IO, après quoi il crie que une dame ou un monsieur a écrit « Ohio ». "Je l'ai fait", répond le confédéré.

Le lecteur de pensée ouvre alors le journal, le regarde et le glisse dans sa poche ; il a cependant consulté l'un des autres journaux.

Par conséquent, il est maintenant en mesure d'épeler un autre mot, ce qu'il fait de la même manière, et ainsi le jeu continue jusqu'à ce que tous les papiers aient été lus.

La danse des coussins

Les enfants se divisent tout d'abord en deux groupes. Ils forment alors un cercle et commencent à danser autour d'un pouf qui est placé, extrémité en haut, au milieu de la pièce. Soudain, l'un des partis s'efforce d'entraîner l'autre en avant, de manière à forcer l'un d'entre eux à donner un coup de pied au pouf et à le renverser.

Le joueur qui a eu le malheur de toucher le pouf doit alors quitter le cercle. Le jeu continue jusqu'à ce qu'il n'en reste que deux ; si ces deux-là sont des garçons, la lutte est généralement prolongée, car ils peuvent si facilement sauter par-dessus le pouf et éviter de lui donner des coups de pied.

La basse-cour

Ce jeu, s'il est exécuté correctement, provoquera un grand amusement. L'un des convives annonce qu'il murmurera à chacun le nom d'un animal qui, à un signal donné, devra être imité le plus haut possible. Mais au lieu de donner à chacun le nom d'un animal, il murmure à tous les participants, à l'exception d'un seul, de garder parfaitement le silence. A celui-ci il murmure que l'animal qu'il doit imiter est l'âne. Peu de temps après, pour que tout soit prêt, le signal est donné. Au lieu que toute la fête émette des bruits de divers animaux, on n'entend rien d'autre qu'un grand braiment de la part du seul malheureux membre de la compagnie.

"Je pointe"

Il est nécessaire dans ce jeu que le joueur jouant le rôle de devineur ait un complice ; il peut alors quitter la pièce, et à son retour mentionner quelle personne a été montrée du doigt pendant son absence. Cela se fait de cette manière : il est convenu entre le devineur et son complice que celui qui parlera en dernier avant que la porte ne soit fermée sur le devineur sera la personne qui devra être désignée. Il est très rare que quelqu'un découvre cette astuce.

Bague de diamant

Les joueurs sont assis en cercle, les mains paume contre paume, les petits doigts vers le bas, entre les genoux. L'une des sociétés est choisie pour jouer le rôle de femme de chambre. Elle prend une bague entre ses paumes, qu'elle maintient à plat, de la même manière que les autres. Elle rend ensuite visite à chaque personne tour à tour et place ses mains entre les paumes de chacun, afin de pouvoir glisser l'anneau dans les mains de l'un à l'insu des autres. Après avoir visité chacun d'eux, elle touche un enfant et dit :

"Ma dame a perdu sa bague en diamant ;

Je compte sur vous pour le trouver.

L'enfant touché doit alors deviner qui possède la bague. Si elle devine correctement, elle devient la servante ; sinon, elle doit payer un forfait. La servante touche alors quelqu'un d'autre et répète les deux lignes ci-dessus. Chaque devineur peut avoir droit à trois essais.

La lettre interdite

L'idée de ce jeu est d'essayer combien de phrases peuvent être prononcées sans contenir une certaine lettre convenue. Supposons, par exemple, que la lettre « f » ne soit pas introduite ; le premier joueur pourrait demander : « Est-ce un nouveau jeu pour vous ? Le deuxième joueur pourrait répondre : "Oh, non ! J'y ai joué il y a des années, quand j'étais tout jeune."

Il se tournerait peut-être vers le troisième joueur et lui demanderait : « Vous vous en souvenez, n'est-ce pas ? Le troisième joueur pourrait répondre : « Oui, mais nous jouions différemment avant ». Ce joueur, ayant utilisé un mot contenant un « f », doit payer un forfait et rester exclu.

Les réponses doivent être données immédiatement, sans hésitation, et le joueur qui évite le plus longtemps d'utiliser un mot contenant la lettre interdite remporte la partie.

Grand Mufti

L'un des membres de la société est choisi comme Grand Mufti. Les autres forment alors un cercle avec le Grand Mufti au centre, et chaque action qu'il accomplit, si elle est précédée des mots « Ainsi parle le Grand Mufti », doit être imitée par chaque membre du cercle.

Le Grand Mufti, pour égarer l'un des membres de la compagnie, omettra parfois de prononcer les mots : « Ainsi parle le Grand Mufti ; » dans ce cas, si un membre de la société imite son action, il est tenu de payer un forfait.

Écriture magique

Dans ce jeu, un complice est nécessaire. Le joueur déclare à la compagnie, après quelques remarques sur le langage des signes ancien, qu'il est capable de lire des signes faits avec un bâton au sol, et s'engage à quitter la pièce pendant que la compagnie décide d'un mot ou d'une phrase.

Le jeu se joue comme suit : il est convenu entre le joueur et son complice qu'un coup sur le sol représentera A, deux coups E, trois coups I, quatre coups O et cinq coups U, et que la première lettre de chacun La remarque que fera le confédéré sera l'une des consonnes du mot ou de la phrase décidée par la compagnie. Les consonnes doivent être prises dans l'ordre. Au retour du joueur, en supposant que le mot choisi soit « Mars », son complice commencerait : « Beaucoup de gens pensent que ce jeu est une tromperie » (lettre initiale M). Un coup sur le sol (A). "En réalité c'est très simple" (lettre initiale R). "Bientôt la fin" (lettre initiale C). "J'espère que cela a été très clair" (lettre initiale H).

Quelques signes supplémentaires sont faits pour ne pas terminer trop brusquement, et le joueur prononce alors le mot « Mars ». S'il est mené avec soin, ce jeu intéressera le public pendant un temps considérable.

Fleurs

L'entreprise se divise en côtés égaux, et chaque côté doit avoir une « maison » dans les coins opposés de la pièce. Les côtés se retirent dans leurs propres « maisons », et un côté choisit en privé une fleur, puis passe à l' autre coin et donne la lettre initiale de cette fleur. Les enfants du deuxième côté doivent essayer de deviner le nom de la fleur, et lorsqu'ils y sont parvenus, ils en attrapent autant qu'ils peuvent du côté opposé avant d'atteindre leur « maison ».

Ceux qui sont attrapés doivent passer de l'autre côté et le jeu continue jusqu'à ce qu'un côté ait gagné tous les enfants. Les côtés donnent à tour de rôle le nom de la fleur. Ce jeu peut également être joué dans le jardin.

Renard et oies

L'un des membres du groupe, appelé le Renard, se dirige vers un bout de la pièce, et le reste des enfants se dispose en cercle, les uns derrière les autres, le plus grand en premier et le plus petit en dernier. La première s'appelle Mother Goose. Le jeu commence par une conversation entre le Renard et Mother Goose. "Qu'est-ce que tu cherches ce beau matin ?" dit-elle. "Je fais une promenade", répond le Renard. "Pourquoi?" "Pour avoir de l'appétit pour le petit-déjeuner." "Qu'est-ce que tu prendras pour le petit-déjeuner ?" "Une belle et grosse oie." "Où vas-tu l'obtenir ?" "Eh bien, comme tes oies sont si pratiques, je vais en prendre une." "Attrapez-en un si vous le pouvez."

Mother Goose étend alors ses bras pour protéger ses oies et ne pas laisser le Renard en attraper une. Le Renard essaie d'esquiver par-dessous, à droite et à gauche, jusqu'à ce qu'il parvienne à attraper le dernier fil. Bien sûr, la couvée doit essayer de rester hors de portée du renard. Une fois les oies capturées, elles doivent se diriger vers la tanière du renard, et le jeu continue jusqu'à ce qu'elles soient toutes capturées.

"Je vends ma batte, je vends ma balle"

Un cercle est formé avec un enfant au milieu, appelé « l'homme-batteur ». Quoi que fasse cet enfant, les autres l'imitent en se déplaçant au fur et à mesure et en chantant les mots suivants :

"Je vends ma batte, je vends ma balle,

Je vends mon rouet et tout ;

Et je ferai tout ce que je peux

Suivre les yeux du batteur."

Quiconque n'imite pas immédiatement le « batteur » doit payer un forfait et prendre sa place de « batteur ».

« À quoi ressemble ma pensée ? »

Les joueurs s'assoient en cercle et l'un d'eux demande aux autres : « Quelle est ma pensée ? Un joueur peut dire : « Un singe ; » le second : « Une bougie ; » le troisième, « Une épingle », et ainsi de suite. Lorsque toute la compagnie a comparé la pensée à un objet, le premier joueur leur dit la pensée - peut-être que c'est "le chat" - et demande ensuite à chacun, à tour de rôle, pourquoi elle ressemble à l'objet auquel il l'a comparée.

"Pourquoi mon chat ressemble-t-il à un singe ?" est demandé. L'autre joueur pourrait répondre : « Parce qu'il est plein d'astuces. » "Pourquoi mon chat est-il comme une bougie ?" "Parce que ses yeux brillent comme une bougie dans le noir." "Pourquoi mon chat ressemble-t-il à une épingle ?" "Parce que ses griffes grattent comme une épingle."

Celui qui est incapable d'expliquer pourquoi la pensée ressemble à l'objet qu'il a mentionné doit payer un forfait.

Le berceau du chat

Prenez un morceau de ficelle, nouez les extrémités ensemble et glissez-le sur vos mains, comme sur la figure 1.

Enroulez ensuite la ficelle autour de vos mains, sans inclure le pouce, comme sur la figure 2.

Glissez le majeur dans la ficelle de vos mains et vous obtenez le berceau de votre chat, comme sur la figure 3.

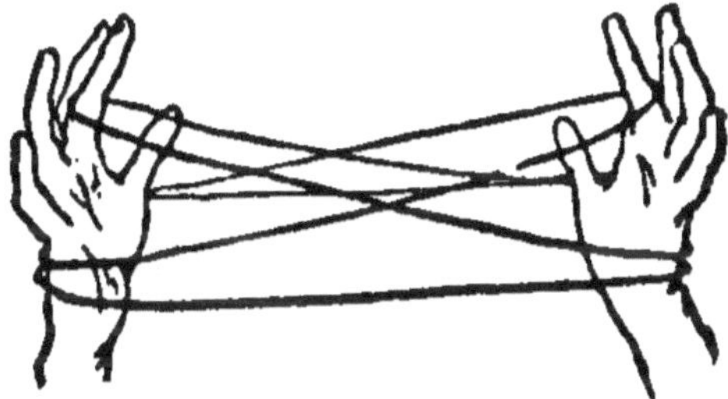

Vous devez maintenant demander à une deuxième personne de passer ses pouces et son index dans le berceau, comme sur la figure 4.

Tirez la ficelle et placez-la sous le berceau, et vous aurez la fig. 5.

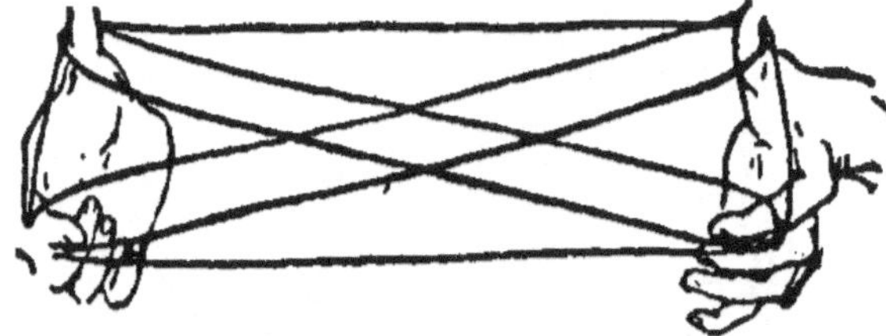

Glissez à nouveau les pouces et les index dans les pièces latérales du berceau, tirez la ficelle sur le côté et passez-la sous le berceau, et vous aurez la Fig. 6.

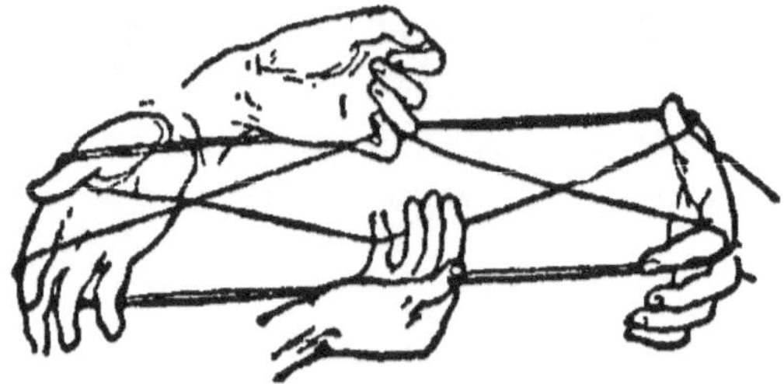

Maintenant, enroulez les petits doigts autour de la ficelle, en les glissant l'un sous l'autre comme indiqué, et retirez les pièces latérales.

Glissez le pouce et l'index sous la ficelle latérale, ramenez-les vers le milieu et vous retrouvez le berceau de votre chat d'origine.

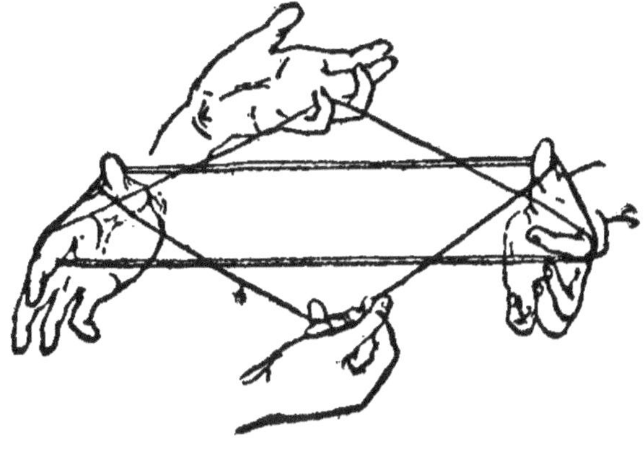

Personnalités

Pour jouer à ce jeu, la compagnie s'assoit en cercle, tandis qu'un des joueurs commence à décrire une personne que la plupart des autres joueurs connaissent, et continue jusqu'à ce que l'un ou l'autre des membres de la compagnie soit capable de deviner à partir de la description qui est le personnage. la personne peut l'être.

Celui qui devine correctement commence alors à décrire quelqu'un. Cependant, si l'entreprise ne parvient pas à deviner correctement, le joueur continue jusqu'à ce que quelqu'un réussisse.

Grenouille au milieu

Un enfant est assis par terre, les jambes sous lui, tandis que les autres joueurs forment un cercle autour de lui. Ils le tirent alors et lui donnent de petites poussées, et il doit essayer d'en attraper une sans se lever du sol.

L'enfant attrapé prend le milieu, tandis que la grenouille rejoint le cercle.

Géant

Ce jeu doit être organisé sous la forme d'une surprise pour la société réunie. Le géant est formé de deux jeunes, dont l'un s'assoit sur les épaules de son ami. Une grande cape doit ensuite être jetée sur eux, pour donner l'impression qu'il s'agit d'une seule personne, et le meilleur garçon peut porter un masque pour empêcher toute reconnaissance. Le géant entre alors dans la pièce et commence à danser. Ce jeu procure un grand amusement aux petites gens.

Combats de coqs

C'est un jeu des plus amusants, et bien que deux garçons seulement puissent y jouer à la fois, ils garderont le reste de la compagnie dans des éclats de rire. Les deux qui doivent représenter les « coqs » ayant été choisis, ils sont tous deux assis par terre.

Chaque garçon a les poignets liés ensemble avec un mouchoir et les jambes attachées juste au-dessus des chevilles avec un autre mouchoir ; ses bras sont ensuite passés sur ses genoux, et un manche à balai est passé sur un bras, sous les deux genoux, et ressorti de l'autre côté sur l'autre bras. Les « coqs » sont maintenant considérés comme prêts à se battre et sont transportés au centre de la pièce et placés l'un en face de l'autre, leurs orteils se touchant à peine. Le plaisir commence maintenant.

Chaque « coq » tente à l'aide de ses orteils de retourner son adversaire sur le dos ou sur le côté.

Celui qui y parvient en premier remporte la partie.

Il arrive souvent que les deux « coqs » se retournent en même temps, lorsque le combat recommence.

Jeux avec l'alphabet

Pour ces jeux, il est nécessaire de prévoir une grande boîte pleine de lettres, qui peuvent être achetées dans n'importe quel magasin de jouets ou fabriquées par les jeunes eux-mêmes en les découpant dans des journaux. Les enfants devraient s'asseoir autour de la table ; les lettres doivent ensuite être bien mélangées et distribuées aux joueurs. Chaque enfant doit former un mot ou une phrase à partir des lettres qu'il a reçues. Une autre variante consiste à sélectionner un mot long, puis, dans un temps donné, à essayer d'en former plusieurs mots. Des noms d'hommes, de lieux, etc. connus peuvent également être donnés. Ces jeux ne sont pas seulement amusants, mais servent en même temps à instruire les jeunes gens.

Pots de miel

Pour les tout-petits, il n'y a guère de jeu plus populaire que "Honey Pots". Les petits enfants de trois et quatre ans peuvent être inclus dans ce jeu, mais il devrait y avoir deux enfants plus grands pour « l'acheteur » et le « marchand ». Les enfants, à l'exception de l'acheteur et du marchand, s'assoient par terre, les genoux relevés et les mains jointes autour d'eux. Ces enfants sont appelés « Honey Pots ». Le Marchand et l'Acheteur discutent alors de la qualité et de la quantité du Miel, ainsi que du prix de chaque Pot. Il est convenu que le prix à payer sera fonction du poids du « Miel » et du « Pot ». Les enfants sont soigneusement « pesés » en les soulevant deux ou trois fois du sol et en les balançant par les bras, un bras tenu par le commerçant et l'autre par l'acheteur.

Lorsque les "Pots de Miel" sont tous pesés, l'Acheteur déclare qu'il achètera la totalité du stock et demande au Marchand de l'aider à ramener les Pots chez lui. Puis le Marchand et l'Acheteur transportent les enfants, un à un, à l'autre bout de la pièce.

Lorsque tout le monde est en sécurité chez l'acheteur, le marchand sort de la pièce, mais revient soudainement et dit à l'acheteur : « Je crois que vous avez enlevé ma petite fille dans l'un des pots de miel. L'Acheteur répond : "Je ne pense pas. Vous m'avez vendu tous les Pots pleins de Miel, mais si vous doutez de moi, vous pouvez les goûter."

Le Marchand fait alors semblant de goûter le Miel, et après avoir essayé deux ou trois Pots s'écrie : " Ah ! ça a bien le goût de ma petite fille. " La petite fille qui représente le Pot de Miel choisi par le Marchand s'écrie alors : « Oui, je suis votre petite fille », et aussitôt se lève d'un bond et s'enfuit, l'Acheteur s'efforçant en même temps de la rattraper.

Lorsque l'un des Honey Pot s'enfuit, tous les autres font de même, l'acheteur rattrape qui il peut et le jeu recommence.

Le jeu d'orthographe

Chaque joueur dans ce jeu a ce qu'on appelle trois « vies », ou chances. Lorsque la compagnie est assise en cercle, le premier joueur mentionne une lettre comme début d'un mot. Le jeu consiste pour chacun des membres de l'entreprise, à son tour, à y ajouter une lettre, en gardant le mot inachevé le plus longtemps possible.

Lorsqu'une lettre est ajoutée aux lettres précédentes et qu'elle forme un mot complet, la personne qui l'a complétée perd une « vie ». Le joueur suivant recommence alors.

Chaque lettre ajoutée doit faire partie d'un mot, et non une lettre étrange pensée sur un coup de tête. En cas de doute sur l'exactitude de la lettre utilisée par le dernier joueur, celui-ci pourra être interpellé et il devra alors donner le mot auquel il pensait en ajoutant la lettre. S'il ne peut pas nommer le mot, il perd une « vie » ; mais s'il le peut, c'est le challenger qui perd.

Ceci est un exemple de la façon dont le jeu devrait être joué. Supposons que le premier joueur commence par la lettre « p ; » le suivant, pensant à « jouer », ajouterait un « l » ; le suivant un « o », pensant à « charrue » ; la personne suivante, n'ayant aucun de ces mots en tête, ajouterait « v » ; Peut-être que le joueur suivant, ne connaissant pas le mot auquel pensait le joueur précédent, pourrait le défier et perdrait une « vie » en s'entendant dire que le mot était « pluvier ». Le joueur suivant à son tour commencerait alors un nouveau mot, et pourrait peut-être écrire « b », en pensant à « chauve-souris » ; le prochain joueur pensant, disons, que le mot était « os », ajouterait un « o », le joueur suivant ajouterait « n » ; le joueur dont ce serait maintenant le tour, ne voulant pas perdre une « vie » en finissant le mot, ajouterait un autre « n » ; le joueur suivant, pour la même raison, ajouterait « e », et le joueur suivant n'aurait alors plus qu'à compléter le mot en ajoutant « t » et perdrait ainsi une « vie ».

On verra qu'il existe trois manières de perdre une « vie ». Premièrement, le joueur peut déposer une lettre et, lorsqu'il est mis au défi, être incapable de donner le mot. Deuxièmement, il peut lui-même défier un autre joueur qui n'est pas fautif. Troisièmement, il peut être obligé d'ajouter la dernière lettre à un mot et ainsi de le compléter.

C'est un jeu des plus amusants pour un grand groupe, car à mesure que les différentes personnes perdent leurs trois « vies », le nombre de joueurs diminue progressivement jusqu'à deux ou trois, quand il devient très excitant de voir qui sera la dernière personne restante, car il ou elle sera déclaré gagnant.

"Dessine un seau d'eau."

"Prends un seau d'eau

Pour la fille de ma dame ;

Mon père est un roi et ma mère est une reine,

Mes deux petites sœurs sont habillées de vert ;

Tamponnant l'herbe et le persil,

Feuilles de souci et marguerites,

Un rush, deux rush,

Je te prie, belle dame, viens sous mon buisson.

Deux enfants se font face et se tiennent par la main. Deux autres se font également face en se tenant la main entre les deux autres. Ils se balancent d'avant en arrière en chantant les lignes ci-dessus.

Lorsqu'ils arrivent à la ligne : « Je vous en prie, belle dame, venez sous mon buisson », un autre enfant surgit en dessous et vient entre les bras de l'un d'entre eux. Ils chantent à nouveau le couplet et un autre enfant se glisse sous une autre paire de bras, et ainsi de suite jusqu'à ce qu'il y ait huit enfants debout l'un en face de l'autre. Elle doit ensuite sauter de haut en bas jusqu'à ce que l'une d'elles tombe, alors qu'elle est presque sûre d'arrêter les autres.

Questions et réponses

Chaque joueur reçoit un crayon et deux bouts de papier. Sur le premier bulletin, une question doit être écrite. Les papiers sont ensuite collectés et mis dans un sac ou un panier.

Ensuite, les joueurs écrivent une réponse sur leur deuxième feuillet. Ceux-ci sont placés dans un sac différent, puis les deux sacs sont bien secoués et remis à l'entreprise.

Chacun tire au sort une question et une réponse et doit ensuite les lire à l'entreprise.

Le résultat est parfois très comique ; par exemple:

Des questions

Aimez-vous les roses?

Où vas-tu cet été ?

Aimez-vous le bœuf?

Aimez-vous les araignées?

Réponses

Oui, avec de la moutarde.

J'ai très peur d'eux.

Oui, sans épines.

En Suisse.

Canard sous l'eau

Chaque enfant choisit un partenaire et se place face à lui, de manière à former deux longues lignes. Chaque couple tient un mouchoir entre eux, aussi haut qu'ils peuvent lever les bras, de manière à former un arc. Les couples debout en haut des files traversent l'arc sans lâcher leur mouchoir, et se stationnent en bas des files, levant à nouveau leur mouchoir pour continuer l'arc. Ceci est fait par chaque couple successivement jusqu'à ce que tous aient eu leur tour. Celui qui brise l'arceau ou laisse tomber le mouchoir devra payer un forfait.

Émerveillement

Il est nécessaire que seulement deux membres du groupe connaissent ce jeu, et alors "l'émerveillement" en résultera certainement.

Les deux joueurs conviennent qu'un certain mot doit être considéré comme un mot d'avertissement. À titre d'illustration, imaginez que ce mot soit « et ».

L'un des joueurs affirme qu'il est doué d'une seconde vue et déclare qu'il est capable de nommer, à huis clos, tout objet touché par toute personne en sympathie avec lui, même si ladite personne peut tenter de le mystifier en mentionnant beaucoup d'autres articles. Il choisit alors son complice, comme étant celui avec qui il peut avoir de la sympathie, et sort.

Le joueur présent dans la pièce crie alors, peut-être, comme suit : table, tapis, piano, repose-pieds et chaise, lampe, encrier. Il pose ensuite sa main sur le dossier d'une chaise et demande : « Qu'est-ce que je touche maintenant ? la réponse sera, bien sûr, « Président », car le mot indicateur « et » est venu juste avant cet article.

Si les joueurs sont habiles, il n'est pas nécessaire de découvrir l'astuce.

"Mère, mère, la marmite déborde"

Un certain nombre d'enfants choisissent l'une d'entre elles pour être la « mère » et une autre pour être la sorcière. Un enfant représente le pot et les autres portent le nom des jours de la semaine, dimanche, lundi, mardi, etc. S'il y a trop d'enfants, ils peuvent être appelés après les mois.

La mère nomme d'abord les enfants, puis elle prend la marmite et fait semblant de la mettre au feu. Elle dit à la fille aînée qu'elle va se laver, qu'elle doit prendre grand soin de ses frères et sœurs pendant son absence et qu'elle ne doit en aucun cas laisser entrer la vieille sorcière dans la maison. Elle doit également s'occuper du dîner et veiller à ce que la marmite ne déborde pas. La mère s'en va alors et la fille aînée fait semblant d'être très occupée.

L'enfant qui est censée être la sorcière frappe à la porte et demande si elle peut entrer et allumer sa pipe. Elle doit faire semblant d'être très vieille et marcher avec un bâton.

« Entrez », dit la fille aînée ; "que veux-tu?"

"Pour allumer ma pipe à ton feu."

"Très bien, mais il ne faut pas salir le fourneau."

"Certainement pas ; je ferai très attention."

Pendant que la fille aînée fait semblant de chercher quelque chose sur l'étagère, la sorcière pose sa chaussure sale sur le fourneau, attrape Monday (le plus jeune enfant) et s'enfuit avec lui. L'enfant qui est la marmite émet maintenant un sifflement et fait semblant de déborder. La fille crie :

"Mère, mère, la marmite déborde."

"Prends une cuillère et écume-la."

"Je n'en trouve pas."

"Regarde sur l'étagère."

"Je ne peux pas atteindre."

"Prends le tabouret."

"La jambe est cassée."

"Prends la chaise."

"La chaise est en train d'être réparée."

"Je suppose que je dois venir moi-même."

La mère sort de la baignoire et se sèche les mains.

"Où est lundi ?" elle demande.

"S'il te plaît, maman, quelqu'un est venu mendier du feu pour sa pipe, et quand j'ai eu le dos tourné, elle a pris lundi."

"Eh bien, c'était la sorcière."

La mère fait semblant de battre la fille aînée, lui dit d'être plus prudente une autre fois et retourne à la baignoire. Le jeu continue alors comme avant, et chaque fois que la sorcière arrive, elle emmène un enfant, jusqu'à ce qu'enfin même la fille aînée soit enlevée. La marmite bout une dernière fois puis la mère, trouvant tous ses enfants partis, se rend chez la sorcière pour les retrouver, quand s'ensuit cette conversation :

"Est-ce le chemin vers la maison de la sorcière ?"

"Il y a un taureau rouge par là."

"Alors je vais passer par là."

"Il y a une vache folle par là."

Mais la mère insiste pour entrer dans la maison de la sorcière pour chercher ses enfants. La sorcière cache généralement les enfants derrière des chaises. La mère se penche sur un enfant : « Ça a le goût de lundi », dit-elle, mais la sorcière répond : « Ça ! c'est un tonneau de porc.

"Non, non", dit la mère, "c'est mon lundi et il y a le reste des enfants". Les enfants sautent maintenant et eux et leur mère commencent à rentrer chez eux en courant ; la sorcière court après eux, et celui qu'elle attrape devient sorcière, tandis que la sorcière devient la fille aînée.

Les fourmis et la sauterelle

Un tirage au sort est effectué pour décider qui sera la sauterelle ; les fourmis s'assoient alors en cercle, tandis que la sauterelle écrit sur un morceau de papier le nom d'une céréale ou d'un aliment qu'elle pourrait aimer. Il met ceci dans sa poche puis s'adresse aux fourmis :

"Chers amis, j'ai très faim ; est-ce que l'un d'entre vous aurait la gentillesse de me donner à manger ?"

"Je n'ai qu'un grain d'orge", dit la fourmi à qui on parle.

"Merci, cela ne me sert à rien", répond la sauterelle et passe au joueur suivant. Dès que quelqu'un offre le grain de nourriture que la sauterelle a écrit, le papier doit être présenté, et celui qui a deviné le mot paie un forfait et devient une sauterelle. Si personne ne devine le mot, la sauterelle paie un forfait.

Le jeu se déroule ensuite de la même manière, sauf qu'une question différente est posée au deuxième tour.

"Voisins", dit la sauterelle, "j'ai beaucoup mangé et j'aurais bien aimé danser. Lequel recommanderiez-vous ?"

On suggère une valse, une polka, un quadrille, etc., et quand cette question a fait le tour, la sauterelle demande sur quelle musique elle peut danser, et les fourmis suggèrent la musique du violon, du piano, du cornet, etc. Alors la sauterelle dit qu'elle est fatiguée de danser et souhaite un lit, et les fourmis lui offrent de la mousse, de la paille, de l'herbe, etc., pour s'y coucher.

"Je devrais dormir très confortablement", dit la sauterelle, "mais j'ai peur d'être attaquée par un oiseau affamé. Quel oiseau ai-je le plus de raisons de craindre ?" Les fourmis répondent : La tour, l'alouette, le coucou, etc.

Lorsque le jeu est terminé, les forfaits perdus doivent être annoncés.

Le sifflet magique

Tous les joueurs sauf trois se tiennent sur deux rangées face à face. Un joueur s'assoit au bout des deux rangées, un autre entraîne un troisième joueur dans la salle et le fait s'agenouiller devant le joueur assis et qu'on appelle le président.

Le président procède ensuite à toutes sortes de passes « magiques » sur le visage, le dos et les mains de la personne agenouillée. Pendant ce temps, le garçon qui a conduit la victime attache un sifflet à son manteau. Il doit être accroché à un morceau de ficelle ou de ruban adhésif et attaché de manière très lâche, de manière à pouvoir être facilement saisi sans heurter le dos de celui qui le porte.

Le sifflet est ensuite donné par le garçon qui l'a attaché, et on dit au garçon agenouillé de se lever et de chercher le sifflet magique. Les joueurs qui se tiennent de chaque côté doivent mettre leurs mains devant leur bouche et faire semblant de souffler chaque fois que le coup de sifflet est donné, ce qui doit être aussi souvent que chacun peut en avoir l'occasion sans être découvert.

La victime fouillera tout au long des rangées à la recherche du sifflet magique, et il lui faudra un certain temps avant de découvrir qu'il est épinglé sur son propre manteau.

Un labyrinthe en cours d'exécution

Formez une longue file d'enfants, les uns derrière les autres. Le leader se met à courir et est suivi par tous les autres. Ils doivent être suffisamment pointus pour faire exactement comme le leader.

Après avoir couru pendant un moment ou deux dans le pas de course ordinaire, le leader passe à un pas sautillant, puis à un pas de marche, un pas rapide, puis à un pas de marche, un pas lent, applaudit et court avec les mains sur les côtés, les mains sur les épaules. , les mains derrière, etc.

Enfin, l'animateur court lentement en rond jusqu'au centre et peut soit enrouler les enfants fermement, soit les allumer en s'approchant du centre et repartir en courant. Pour un autre changement, la longue ligne peut commencer à courir et ainsi dérouler la spirale.

L'entraîneur et quatre

Deux enfants se tiennent main dans la main, côte à côte. Ce sont les chevaux de devant. Deux autres, juste derrière, se tiennent également main dans la main et côte à côte. Ce sont les chevaux de derrière.

Glissez les rênes sur le bras gauche de l'un des chevaux de devant et sur le bras droit de l'autre. Les deux chevaux de dos tiennent les rênes et se tiennent à l'intérieur. Il faut alors choisir un conducteur qui rassemble les rênes dans sa main gauche et qui tient un fouet dans sa main droite.

À ses côtés, équipé d'un klaxon, de paquets et de lettres, court un autre enfant qui fait office de garde ou de conducteur. Le reste des enfants forment les rues du village, en rangées les uns face aux autres.

La voiture et quatre, avec le chauffeur et le garde, galopent dans la pièce et à travers les villages, le garde klaxonnant et jetant ici et là un papier ou une lettre.

Changez de cheval de temps en temps, pour que chacun puisse à son tour devenir cheval. Un changement de chauffeur et de garde est également très apprécié.

Lorsque les enfants en ont assez de ce jeu, commencez à applaudir pendant que l'entraîneur traverse les villages pour la dernière fois. Deux entraîneurs ajoutent beaucoup au plaisir et au plaisir, car ils doivent se croiser et se repasser.

Raisins secs de Málaga

Les joueurs s'assoient en cercle, et celui qui connaît le truc prend un petit bâton dans sa main droite, fait avec lui des mouvements amusants, puis, l'ayant pris dans sa main gauche, le passe à son voisin en disant : "Les raisins secs de Malaga sont de très bons raisins secs, mais je préfère ceux de Valencia." Il dit alors à son voisin de faire de même. Si l'un des joueurs passe le bâton avec la main droite, il doit payer un forfait, mais bien sûr, il ne faut pas lui dire quelle erreur il a commis avant que le bâton n'ait fait le tour du cercle.

Sally Eau

Ce jeu peut être joué par n'importe quel nombre d'enfants. Un ring est formé auquel tous se joignent à l'exception d'une petite fille, agenouillée au centre du ring. Les enfants dansent alors autour d'elle en chantant les vers suivants :

"Sally, Sally Water, saupoudre dans la poêle,

Lève-toi, Sally, lève-toi, Sally, pour un jeune homme ;

Choisissez le meilleur et choisissez le pire,

Et choisissez celui que vous aimez le plus.

"Maintenant tu es marié, je te souhaite de la joie,

D'abord une fille, puis un garçon ;

Sept ans après, fils et fille,

Priez, jeunes couples, venez vous embrasser."

Quand ils arrivent aux mots « Lève-toi, Sally ! » l'enfant au centre se lève et en choisit un autre dans l'anneau. Les deux lignes suivantes sont ensuite chantées, et les deux enfants dans le ring dansent en rond et s'embrassent. Sally rejoint ensuite le ring, le deuxième enfant restant dans le cercle, et le jeu continue comme avant jusqu'à ce que tous les joueurs aient joué le rôle de Sally.

Jeu du Pigeonnier

Faites une bague d'enfants. Au centre, placez cinq ou six des plus petits enfants de la fête. Cela forme le pigeonnier et les pigeons.

Choisissez désormais un enfant (garçon ou fille) pour ouvrir ou fermer ce pigeonnier à l'ancienne.

Il fait le tour du ring à l'extérieur et pousse doucement les enfants vers le centre, et près des pigeons, qui sont assis par terre en roucoulant doucement (ou pas, à leur guise).

Cela fait, il recule. Qu'on l'appelle le fermier ou le garçon du fermier, si l'on veut un nom.

Un air joli et entraînant commence maintenant au piano. Dès que cela commence, le garçon court en avant et ouvre le cercle d'enfants, qui s'élargit avec les bras levés, pour former des casiers.

Les pigeons se lèvent et s'envolent hors de ces trous, faisant le tour de la pièce.

Alors que la musique commence à s'arrêter et à s'éteindre, les pigeons doivent retourner à leur pigeonnier, et lorsque la dernière note retentit, ils doivent tous être à nouveau installés. Le garçon du fermier court maintenant autour du ring, le referme et met tout en sécurité pour la nuit.

Ce jeu peut se jouer sans musique, et les plus grands peuvent jouer à leur tour le rôle des pigeons.

***

Avoine, haricots et orge

Tous les enfants forment un cercle à l'exception d'un joueur qui se tient au centre. Les enfants dansent alors autour de celui-ci en chantant les trois premiers vers des vers donnés ci-dessous. À la quatrième ligne, ils arrêtent de danser et jouent les paroles chantées. Ils font semblant de semer des graines ; ils se tiennent à l'aise, trépignent du pied, battent des mains, et aux mots : « Retourne-le », chaque enfant se retourne.

Ils frappent alors à nouveau dans leurs mains et dansent en rond, et lorsque les mots « Ouvrez le ring et entrez-en un » sont chantés, l'enfant du centre choisit un partenaire qui entre dans le ring, et les deux se tiennent ensemble pendant que les autres enfants chantent. le verset restant, après quoi l'enfant qui était le premier au centre rejoint le ring et le jeu continue comme avant.

"Avoine, haricots et orge O!

Est-ce que vous, moi ou quelqu'un sait

Comment poussent l'avoine, les haricots et l'orge ?

"Le fermier sème d'abord sa graine,

Puis il se lève et prend ses aises,

Tape du pied et frappe dans ses mains,

Et le retourne pour voir la terre.

"Avoine, haricots et orge O!

En attendant un partenaire, en attendant un partenaire.

Ouvrez un anneau et envoyez-en un.

Avoine, haricots et orge O!

"Alors maintenant tu es marié, tu dois obéir,

Tu dois être fidèle à tout ce que tu dis,

Tu dois être gentil, tu dois être bon,

Et aide ta femme à couper le bois.

Avoine, haricots et orge O!"

Bingo

"Le chien du meunier gisait au moulin,

Et son nom était le petit Bingo,

B avec un I, I avec un N, N avec un G, G avec un O,

Il s'appelait le petit Bingo.

"Le meunier a acheté de la menthe poivrée,

Et il l'a bien appelé bon Stingo,

S avec un T, T avec un I, I avec un N, N avec un G, G avec un O,

Il l'a bien appelé bon Stingo.

Un enfant représente le meunier, les autres forment un cercle autour de lui, et tous dansent autour et chantent les vers. En ce qui concerne l'orthographe de la comptine, le meunier désigne un enfant qui doit prononcer la bonne lettre.

Celui qui commet une erreur doit payer un forfait.

Lubin Loo

Ce jeu peut être joué par n'importe quel nombre d'enfants. Les joueurs forment un cercle en se donnant la main ; ils dansent ensuite en rond en chantant le premier couplet, qui après le deuxième couplet sert de refrain.

"Ici, on danse Lubin, loo,

Ici on danse lubin, lumière,

Ici on danse lubin, loo,

Un samedi soir. »

Pendant qu'ils chantent le deuxième couplet, les enfants s'arrêtent, décrochent les mains et adaptent leurs actions aux paroles contenues dans le couplet.

"J'ai mis ma main droite dedans,

J'ai tendu la main droite,

Je secoue ma main droite, je la secoue, je la secoue,

Et je me retourne."

Chaque enfant, en chantant ceci, tend d'abord son bras droit vers le centre du cercle, puis ramène le même bras aussi loin que possible, puis secoue ou balance sa main droite, et lorsque le dernier vers est chanté, il se retourne à droite. Les enfants se donnent alors à nouveau la main et se mettent à danser tout en chantant le refrain. Le jeu se déroule comme avant jusqu'à ce que tous les couplets aient été chantés. Voici les versets restants :

"Ici, on danse le lubin, loo,

Ici on danse lubin, lumière,

Ici on danse lubin, loo,

Un samedi soir.

"J'ai mis ma main gauche dedans,

J'ai tendu la main gauche,

Je secoue ma main gauche, je la secoue, je la secoue,

Et je me retourne."

Refrain.

"Ici, on danse lubin, loo", etc.

"J'ai mis mon pied droit dedans,

J'ai sorti mon pied droit,

Je fais trembler, secouer, secouer mon pied droit,

Et je me retourne."

Refrain.

"Ici, on danse lubin, loo", etc.

"J'ai mis mon pied gauche dedans,

J'ai sorti mon pied gauche,

Je secoue mon pied gauche, je le secoue, je le secoue,

Et je me retourne."

Refrain.

"Ici, on danse lubin, loo", etc.

"J'ai mis ma propre tête dedans,

J'ai mis ma tête dehors,

Je secoue ma propre tête, secoue, secoue,

Et je me retourne."

Refrain.

"Ici, on danse lubin, loo", etc.

"J'ai mis mes deux mains dedans,

J'ai tendu mes deux mains,

Je fais trembler, secouer, secouer mes deux mains,

Et je me retourne."

Refrain.

"Ici, on danse lubin, loo", etc.

"J'ai mis mes deux pieds dedans,

J'ai mis mes deux pieds dehors,

Je fais trembler, secouer, secouer mes deux pieds,

Et je me retourne."

Refrain.

"Ici, on danse lubin, loo", etc.

La Petite Dame

Pour ce jeu, un certain nombre de morceaux de papier enroulés représentant des cornes sont nécessaires. Celui qui fait une erreur dans le jeu a une corne coincée dans les cheveux ; ou, si les petits garçons jouent, les cornes peuvent être coincées derrière les oreilles.

Le meneur du jeu commence par dire à sa voisine de droite : "Bonjour, jolie dame, toujours jolie ; moi, jolie dame, toujours jolie, je viens de cette jolie dame, toujours jolie" (elle désigne ici la fille du côté droit) à gauche), "pour vous dire qu'elle possède un aigle au bec d'or".

Le joueur suivant se tourne vers sa voisine de droite en lui disant : "Bonjour, jolie dame, toujours jolie ; moi, jolie dame, toujours jolie, je viens de cette jolie dame, toujours jolie" (ici elle désigne le dernier intervenant) , "pour vous dire qu'elle possède un aigle au bec d'or et aux griffes d'argent".

La fille suivante continue l'histoire mot pour mot, en ajoutant « une peau rare ». Le suivant ajoute des « yeux de diamant » et le suivant « des plumes violettes ». S'il y a un grand nombre d'enfants, il faut ajouter d'autres charmes à l'aigle, mais chaque enfant doit raconter toute l'histoire, et pour chaque erreur commise, il reçoit une corne en papier qu'il faut coller quelque part autour de la tête. A la fin de la partie, un forfait doit être payé pour chacune de ces cornes.

"Les oiseaux volent"

C'est un jeu très simple. Chaque joueur pose un doigt sur la table, qu'il doit lever chaque fois que le chef du jeu dit : « Les oiseaux volent », « Les pigeons volent » ou tout autre ailé crée « voler ».

S'il nomme une créature sans ailes, comme "Les cochons volent", et qu'un joueur lève le doigt sans réfléchir, ce joueur doit payer un forfait, comme il doit également le faire s'il omet de lever le doigt lorsqu'une créature ailée est nommée.

Je dis baisse-toi

L'enseignant dit à la classe : « Je dis baissez-vous ».

Au mot se baisser, tous les enfants doivent se baisser. S'ils ne le font pas, ils doivent être assis. L'enseignant doit dire "Je dis debout". Les enfants doivent se lever. S'ils ne le font pas, ils doivent être assis.

Ce jeu amènera les enfants à réfléchir rapidement et à agir rapidement.

Le professeur peut dire : « Je dis croiser les mains derrière le dos.

"Je dis de prendre une profonde inspiration."

"Je dis les mains sur les hanches."

"Je dis de lever les bras au-dessus de la tête."

Tout autre élément peut être remplacé ; ceux qui tardent à agir et à réfléchir doivent s'asseoir.

Celui qui reste debout le plus longtemps gagne.

Course au drapeau

Joueurs assis aux pupitres. Les lignes ne doivent pas nécessairement être pleines, mais il doit y avoir le même numéro dans chaque ligne. Choisissez un joueur qui se tiendra devant chaque rangée pour tenir le drapeau et un autre qui se tiendra à l'arrière de chaque rangée. Au signal, le joueur arrière de chaque rangée se lève, court vers l'avant, prend le drapeau à celui qui le tient, le porte à celui qui se tient derrière et prend place. Dès qu'il est assis, le joueur suivant va rapporter le drapeau au joueur qui le précède. Cela continue jusqu'à ce que tous aient couru. Assurez-vous qu'aucune équipe ne bénéficie d'un avantage injuste en raison des positions prises par les détenteurs du drapeau.

Écureuil et noix

Les joueurs sont tous assis, sauf un, la tête sur le bureau et les yeux couverts, une main ouverte sur le bureau, paume vers le haut. L'un des joueurs est un écureuil et passe de haut en bas entre les rangées et met une noix dans la main d'un joueur... Celui-ci se lève et poursuit l'écureuil. Si l'écureuil est attrapé avant qu'il puisse atteindre son propre siège, celui qui l'a attrapé devient écureuil ; si l'écureuil n'est pas attrapé, il peut redevenir écureuil.

Courses et comptage des scores

Faites un tableau de bord au tableau noir, en indiquant chaque ligne par un numéro de lettre. Les joueurs courent comme dans "Racing" (Première année, premier semestre). Demandez aux joueurs de devant de courir, de toucher le mur avant et de retourner à leurs sièges, assis droit ; marquer le score ; d'autres de la même manière. Répétez, les coureurs marquant le mur arrière. Voyez quelle ligne a le score le plus élevé.

Basket-ball dans la salle d'école

Placez un panier sur le siège avant de la deuxième rangée et un autre sur le siège avant de l'avant-dernière rangée. Tracez une ligne de lancer au sol à 20 pieds de chaque panier. À un moment donné à l'avance, choisissez quatre capitaines et demandez à ces capitaines de choisir des équipes, en choisissant à tour de rôle. Les équipes se tiennent à au moins deux rangées l'une de l'autre et derrière la ligne de lancer, chaque équipe ayant un ballon. Les capitaines se tiennent au-delà des paniers, deux capitaines devant le même panier. Chaque capitaine passe le ballon à son tour à ses joueurs et ceux-ci le lancent vers le panier. L'équipe qui lance le plus de paniers au cours d'un tour remporte un point, la première à obtenir cinq points remporte la compétition.

Dernier homme

Joueurs assis aux pupitres. Les lignes jouées doivent être des lignes complètes. Le jeu ressemble beaucoup à "Renard et écureuil" (voir Première année, deuxième semestre). Un joueur est « le » et il y a un coureur, en plus des rangées complètes de sièges. Le coureur peut se placer devant n'importe quelle rangée et appeler « Last Man », puis chaque joueur de cette rangée doit reculer d'une place, laissant le siège avant au coureur, qui est désormais en sécurité. Le dernier en queue de peloton sera hors de place et deviendra ainsi coureur. Lorsqu'un coureur est touché, il est « ça », et celui qui l'a rattrapé devient coureur et doit immédiatement s'écarter.

Changer de siège

Joueurs assis aux pupitres. Lorsque l'enseignant commande « Changer à droite », tous se déplacent d'une place vers la droite et la rangée de droite se lève. De la même manière, la commande peut être « Changer d'avant », « Changer d'arrière » ou « Changer de gauche ». Au début, il est préférable de suivre chaque changement par l'inverse, afin de permettre à ceux qui sont debout de prendre place, mais plus tard, on peut leur dire qu'ils doivent courir vers les sièges vacants du côté opposé ou à l'extrémité de la salle. Des dirigeants peuvent être choisis pour agir à la place de l'enseignant.

Huckle, boucle, haricot magique

Les enfants ferment les yeux et posent la tête sur leur pupitre. Un petit objet (un dé à coudre ou un bouton) est placé bien en vue. Au signal, les enfants se déplacent dans la salle et, lorsqu'ils l'aperçoivent, prennent place sans faire signe de sa présence. Le premier qui le verra pourra le cacher la prochaine fois.

Relais de tableau noir

C'est comme le relais au tableau joué en troisième année, mais au lieu de notes et de lettres, il faut écrire des mots ; ceux-ci peuvent être nécessaires pour former une phrase, les nombres peuvent être écrits puis ajoutés, soustraits, etc., par les joueurs suivants, ou chaque joueur peut écrire son propre nom. Il est souvent intéressant de demander au dernier joueur d'effacer tous les écrits de son équipe, ou bien chaque enfant peut effacer ses propres écrits en passant la gomme comme il a fait la craie.

Cacher le dé à coudre

Un enfant sort de la pièce. Un dé à coudre ou un bouton est placé bien en vue par un autre enfant. Celui qui a été envoyé est ensuite guidé vers l'objet par les applaudissements des enfants – des applaudissements doux pour « froid » et plus forts pour « chaud ».

Travail de respiration suggestif

1. Les vents de mars sifflent dans les arbres. Inspirez profondément et imitez le vent.

2. Garder une plume en l'air. Courez la tête en arrière et soufflez brièvement pour empêcher une plume imaginaire de tomber au sol.

3. Créer des vagues océaniques. En soufflant l'eau dans une grande bassine.

La chasse au renard

Quatre agriculteurs sont chez eux à la campagne et profitent d'une soirée tranquille.

Ils entendent un bruit dehors, ils regardent et écoutent et décident que les renards sont près de la cabane. Ils attendent d'être très proches, puis se lancent à leur poursuite et en attrapent autant qu'ils peuvent avant que les renards n'atteignent leur domicile dans la forêt. Tous ceux qui sont capturés deviennent des agriculteurs et aident à attraper les autres.

Poison

Les joueurs se donnent la main pour former un cercle. Une dizaine de gommes sont placées au centre du cercle, avec des espaces entre elles par lesquels un joueur peut passer. Les joueurs tentent alors, en poussant ou en tirant leurs camarades au moyen des mains jointes, de leur faire renverser les gommes. Tout joueur qui renverse une gomme ou qui dégrafe les mains doit prendre place, les gommes étant à nouveau remplacées. Les premiers joueurs sortant ainsi du cercle forment un cercle de gommage. Celui qui reste le plus longtemps dans le premier cercle gagne.

Gifle-Jack

Tous les élèves sont assis sauf un. Un joueur impair marche ou court dans les allées, touche un joueur et court dans la salle dans la direction où il va. Celui qui est touché quitte immédiatement son siège, et court dans la pièce en sens inverse. Le premier à revenir sur le siège vide gagne.

Il est interdit de contourner les allées pour raccourcir la distance. La course doit se faire à l'extérieur de la pièce.

Course du corbeau

Tous les joueurs se forment en ligne droite. Saisissez juste au-dessus des chevilles et en « Go », courez sur une très courte distance et revenez, en gardant tout le temps la main au-dessus des chevilles.

Faire du vélo

Mains en position devant, comme si elles saisissaient le guidon, courant sur place en levant le genou à hauteur et en pointant les orteils vers le sol. Le même mouvement, avancer avec des pas courts et rapides.

Chat et rat

Les enfants forment un cercle autour de la pièce, les mains jointes. Un "chat" est choisi pour se tenir à l'extérieur du cercle, un "rat" pour se tenir à l'intérieur. Les joueurs sont des amis du rat et lèvent les bras pour le laisser tomber, mais les maintiennent au sol lorsque le chat essaie de passer. Le chat poursuit le rat dans et hors du cercle, entre les bureaux et les sièges, jusqu'à ce que le « rat » soit attrapé, lorsqu'un nouveau chat et un nouveau rat sont choisis.

Sauter à la corde

Cela constitue un splendide exercice de combinaison. Balancez les bras en formant un grand cercle, comme si vous balanciez la corde, et sautez à chaque fois que la corde descend. Avancez avec les mêmes exercices, en sautant et en atterrissant sur un pied au lieu des deux.

Professeur

Les enfants sont debout ou assis sur une seule ligne. L'un est enseignant et il lance un pouf ou une balle molle en rotation le long de la ligne, l'enfant manquant va devant . Lorsque l'enseignant manque, il se met au pied et l'enfant en tête devient enseignant. Aucun lancer mauvais ou rapide n'est compté.

Attrape-oiseaux

Ce jeu est un grand favori de tous les enfants, même dans les classes supérieures. Deux joueurs sont choisis comme attrapeurs d'oiseaux et se tiennent dans un coin de la pièce. La « mère-oiseau » est choisie pour se tenir dans un autre « nid » dans l'autre coin avant de la pièce. Les autres joueurs sont nommés en groupes (ceux qui sont généralement assis sur une rangée de sièges) pour divers oiseaux, « merles », « troglodytes », etc. Lorsque le nom de chaque groupe d'oiseaux est appelé, ils se dirigent vers le fond de la salle, et, au signal, courez vers le « nid de la mère-oiseau ». Les oiseleurs tentent de les attraper avant qu'ils ne l'atteignent. Les « oiseaux » se déplacent entre les pupitres, sautent par-dessus les sièges, etc. Les mères-oiseaux et les oiseleurs comptent leurs oiseaux à la fin du jeu, et tous « volent » vers leur siège ; c'est-à-dire, agitez les bras et sautez vers leur siège.

Taguez-moi ou avertissez-moi

Les élèves, sur ordre du joueur qui est le leader et qui se tient devant la classe, croisent les bras sur le pupitre et baissent la tête sur les bras. Le leader dispose d'une gomme ou d'un autre article qu'il place sur l'un des pupitres. Il commande « Attention » et les élèves lèvent la tête. Celui qui trouve la gomme sur son siège se lève et poursuit le leader. S'il l'attrape, il devient le leader ; sinon, le premier est à nouveau le leader. S'ils ne parviennent pas à le rattraper après deux essais, il choisit un autre chef.

Un jeu de gomme

Un garçon place une gomme en caoutchouc, ou tout autre petit objet, sur le bureau d'une fille. Elle prend la gomme et le poursuit dans la pièce jusqu'à son siège. Si elle le touche, il va dans le coin pour rester debout, avec d'autres qui se font attraper, jusqu'à la fin de la partie. La fille pose ensuite la gomme sur le bureau d'un garçon et le jeu continue.

Boule circulaire

Les enfants forment un cercle autour de la pièce ; on se tient au centre, avec un pouf ou une balle, et on lance des lancers rapides aux enfants dans différentes parties du cercle.

Étiquette de siège : un jeu à l'école

Celui qui commence le jeu court et touche quelqu'un à proximité et arrive au siège de cet enfant aussi vite qu'il le peut. L'enfant essaie de le toucher en chemin. S'il le touche, celui qui est touché doit aller dans la marmite, c'est-à-dire se rendre devant la salle et s'asseoir. Celui qui l'a attrapé continue le jeu, et lorsqu'un autre arrive dans la marmite, le premier est autorisé à prendre sa place. Le jeu continue jusqu'à ce que tous aient couru.

Les courses doivent toutes être très courtes pour que le jeu se déroule rapidement.

Balle morte

Les enfants se tiennent près des pupitres. Une balle de tennis ou une balle en caoutchouc souple est lancée parmi les joueurs. L'enfant touché s'assoit et est hors jeu. L'enfant qui se trouve près de l'endroit où tombe le ballon le lancera la prochaine fois.

Bal préliminaire

Les enfants se tiennent en rangées, face à face, deux rangées de bureaux entre eux, ceux d'un côté ayant des poufs. Selon les comptes du professeur, ils lancent à ceux qui se trouvent dans la rangée opposée, en lançant et en attrapant à deux mains. Après un nombre donné de lancers, ils mettent la main gauche derrière eux, lançant et rattrapant avec la main droite ; la même chose avec la main gauche. C'est un bon entraînement musculaire.

Esquiver

Les joueurs se divisent en groupes égaux. Un groupe forme un cercle, l'autre à l'intérieur. Le groupe extérieur effectue une volée ou une balle de baseball extérieure avec laquelle il essaie de frapper les (joueurs) à l'intérieur. Dès que l'un d'entre eux est touché, il doit immédiatement rejoindre le cercle et aider les autres à frapper. Lorsque tous ont été ainsi marqués, les groupes changent de place et recommencent. Les deux derniers joueurs touchés au cours des deux matchs seront les capitaines à choisir pour la prochaine fois.

Troisième homme

Joué un peu comme "Three Deep". Les joueurs se tiennent par couples, face à face, couples dispersés de toutes les manières dans la pièce. Le coureur ne peut pas être touché lorsqu'il se place entre les deux joueurs d'un couple, et le poursuivant doit poursuivre celui vers qui le coureur tourne le dos.

Renard et poules

Choisissez un joueur pour être le renard et un autre pour être la mère poule. Les joueurs sont les poules et forment tous une ligne derrière la mère poule, chacun saisissant la taille de celle qui le précède. Le renard essaie de toucher le dernier poulet ; la file, menée par la mère poule, se retourne et essaie de se maintenir entre le renard et cette poule. Lorsque la dernière poule est touchée, elle devient renard et la mère poule choisit un autre joueur à sa place.

Relais de gomme

Placez une gomme sur la réception des rangées alternées. Au signal du départ, le premier enfant de chaque rangée prend la gomme à effacer à deux mains et la passe par-dessus sa tête à l'enfant qui se trouve derrière lui. Cela continue jusqu'à ce que le dernier enfant le reçoive. Le dernier enfant court avec, dans l'allée de droite. En arrivant au siège avant, toute sa rangée recule d'un siège, de manière à laisser un siège vide devant. Le coureur s'assoit ensuite sur le siège vide et passe la gomme vers l'arrière avec les deux mains comme indiqué précédemment.

Le changement de siège doit se faire du côté gauche.

Le jeu se termine lorsque chaque enfant est ramené à sa place.

Étiquette de salle d'école

Tracez un cercle sur le sol devant les bureaux. Choisissez un joueur pour être « celui ». Il se tient près du cercle mais pas dans celui-ci et appelle les noms de trois joueurs. Les joueurs doivent se relever et tenter d'atteindre le cercle sans se faire toucher. Ils courent dans n'importe quel style dans les deux sens.

Le premier marqué est "ça" et le jeu continue comme avant. Si aucun n'est attrapé, trois autres sont nommés. Encouragez-les à nommer les joueurs qui n'ont pas été appelés.

Le labyrinthe serpentin

Les joueurs sont tous en file indienne, le professeur en tête. Chaque joueur tend la main droite vers le joueur suivant devant et la main gauche vers l'arrière, en saisissant les mains. Avancez en tournant vers la gauche et en formant une spirale. Lorsqu'il est bien enroulé, le dernier joueur doit mener, tous tournent vers la gauche et se terminent en tournant vers la droite. Plusieurs variantes devraient être utilisées ultérieurement :

1. Identique à la première méthode sans se saisir les mains.

2. Une fois enroulé le plus loin possible et en laissant suffisamment d'espace, enseignez des cercles directement à partir du centre de la spirale et la ligne suit, en s'écoulant en spirale inversée ; cela se fait d'abord en saisissant les mains, puis sans.

3. Lorsque le leader atteint le centre de la spirale serrée, il fait signe aux joueurs dans une certaine direction et ils lèvent les bras, formant des arcs sous lesquels la ligne peut passer, l'enseignant menant, les mains sont maintenues dans ce cas.

Professeur et classe

Semblable à « Bal d'école ». Un leader est choisi pour chaque groupe de huit ou dix joueurs, les joueurs en ligne et le leader à huit ou dix pieds sur le côté. Une rangée dans la salle de classe peut être prise en groupe, avec un leader debout devant. Le leader lance le ballon ou le pouf aux joueurs à tour de rôle, en commençant par la tête. Tout joueur manquant va au pied. Si le leader manque, il passe au pied et celui qui est en tête devient leader. Si le ballon fait deux tours et que le leader ne manque pas, il passe dans la ligne juste au-dessus de ceux qui ont raté et le joueur de tête devient leader.

Relais de tableau noir

Les rangées en compétition doivent être placées là où se trouve un tableau noir devant chaque rangée. Le premier joueur de chaque rangée a un morceau de craie. Au signal, il court vers le plateau et fait une marque avec la craie, puis il retourne à sa place et remet la craie au joueur suivant, qui court et marque à son tour. Plus tard, les joueurs pourront être amenés à faire une croix, des cercles, des majuscules, des minuscules, à ajouter des colonnes de chiffres, à écrire des mots, à construire des phrases. L'enseignant est le juge de la conformité des notes et chaque équipe se voit infliger une faute pour chaque défaut.

Tagguer le relais mural

C'est comme "Racing" (Voir First Grade), mais en plus continu. Deux rangées ou plus s'affrontent. Le joueur assis sur la banquette arrière se lève au signal du professeur, court dans l'allée, touche le mur à l'avant de la salle et retourne à sa place. Dès qu'il a atteint sa place, le joueur suivant devant lui fait de même, le relais étant terminé lorsque chaque joueur à son tour a couru. La ligne dont le joueur avant est assis en premier gagne.

Poke lent (à l'intérieur)

Des rangées alternées d'enfants sont choisies. Au signal de l'enseignant, les derniers enfants des rangs alternés courent dans les allées, tournent à gauche ; courez dans l'autre allée, tournez-vous pour atteindre leur siège et identifiez la personne qui est assise en face d'eux. La personne touchée fait comme la première personne, en touchant la personne devant seulement lorsqu'elle atteint sa place de départ. Chaque personne court lorsqu'elle est taguée. Des nombres égaux doivent être choisis pour chaque ligne. Le but du jeu est de voir quelle rangée est la gagnante, en fonction entièrement de la vigilance, de la rapidité d'esprit et de l'honnêteté du jeu avec les autres étudiants.

ASTUCES ET PUZZLES

Quiconque souhaite jouer un tour ou montrer un puzzle devrait l'essayer en privé, avant d'essayer de le montrer devant la société, car souvent, à cause de quelque légère erreur, le tour peut d'abord s'avérer un échec, alors qu'un peu de pratique le fera bientôt. en faire un parfait.

L'œuf dansant

Prenez un œuf dur et placez-le sur le revers d'une assiette ou d'un plateau à pain lisse et poli. Si maintenant vous retournez l'assiette en la tenant en position horizontale, l'œuf qui se trouve au milieu se retournera également, et à mesure que le rythme s'accélère, l'œuf se déplacera de plus en plus vite, jusqu'à ce qu'il se tienne debout. à une extrémité et tourne comme une toupie. Afin d'être sûr que l'expérience réussira, vous devez maintenir l'œuf à la verticale pendant la cuisson, afin que l'intérieur puisse durcir dans la bonne position.

Le fil magique

Trempez un morceau de fil dans une solution de sel ou d'alun (bien sûr, votre public ne doit pas savoir que vous avez fait cela). Une fois sec, empruntez un anneau très léger et fixez-le au fil. Appliquez le fil sur la flamme d'une bougie ; il brûlera en cendres, mais soutiendra toujours l'anneau.

Les aiguilles de natation

Il existe plusieurs façons de faire flotter une aiguille à la surface de l'eau.

Le moyen le plus simple est de placer un morceau de papier de soie sur l'eau et d'y poser l'aiguille ; le papier s'imbibe bientôt d'eau et coule au fond, tandis que l'aiguille flotte sur le dessus.

Une autre méthode consiste à accrocher l'aiguille à deux élingues faites de fils, qui doivent être soigneusement retirées dès que l'aiguille flotte.

Vous pouvez également faire flotter l'aiguille en la tenant simplement entre vos doigts et en la posant sur l'eau. Toutefois, cela nécessite une main très ferme.

Si vous magnétisez une aiguille à coudre en la frottant sur un aimant assez puissant et que vous la faites flotter sur l'eau, vous obtiendrez une boussole extrêmement sensible ; et si vous placez deux aiguilles sur l'eau en même temps, vous les verrez se rapprocher lentement l'une de l'autre jusqu'à ce qu'elles flottent côte à côte, c'est-à-dire si elles ne se heurtent pas assez fortement pour les faire couler.

Le pont des couteaux

Trois couteaux peuvent être soutenus par leur manche de la manière suivante : Placer trois verres en triangle dont chaque côté doit avoir environ la longueur d'un des couteaux. La lame du premier couteau doit reposer sur la lame du second, en passant dessus près du point de jonction du manche et de la lame ; la lame du deuxième passant de la même manière sur la lame du troisième, qu'on veut faire reposer sur la lame du premier. Les anses étant ensuite soigneusement placées sur les verres, on forme un pont assez solide pour supporter un poids considérable.

Équilibrer une tasse à café sur la pointe d'un couteau

Les articles nécessaires à l'exécution de ce tour sont très simples, une fourchette et un bouchon de taille ordinaire suffisent. Fixez fermement le bouchon dans le manche de la fourchette, puis insérez la fourchette de manière à ce que deux dents soient de chaque côté du manche de la tasse, et inclinez la fourchette de manière à ce que son manche vienne sous le fond de la tasse. . Le poids le plus lourd étant ainsi ramené en dessous, vous pouvez tenir la tasse sur la pointe d'un couteau, si vous trouvez très soigneusement l'endroit exact sur lequel elle s'équilibrera.

Comme la surface de la tasse est généralement vitrée, la main qui tient le couteau ne doit pas trembler, sinon la tasse glisserait.

Vous pouvez également obtenir le même résultat en utilisant deux couteaux au lieu d'une fourchette.

Le bouchon obstiné

Prenez un petit bouchon et demandez à quelqu'un de le souffler dans une bouteille ordinaire d'assez grande taille et dotée d'un goulot.

Cela semble être une affaire assez simple. Celui qui essaiera soufflera probablement le plus fort possible sur le petit bouchon ; mais, au lieu d'entrer dans la bouteille, comme prévu, elle tombera simplement. Plus les bouffées ou les coups sont durs, plus le bouchon paraîtra obstiné ; et même si l'on essayait l'effet de souffler doucement, cela ne servirait à rien ; le bouchon ne rentre pas dans la bouteille, au grand amusement de ceux qui regardent. La raison pour laquelle le bouchon n'entre pas est la suivante : la bouteille étant déjà pleine d'air, lorsque le bouchon est soufflé, plus d'air sera forcé dans la bouteille, et par conséquent l' air à l'intérieur sera fortement comprimé et forcera simplement le bouchon. dos. Voici un moyen simple de surmonter la difficulté : au lieu d'essayer de forcer le bouchon à travers l'air comprimé de la bouteille, il faut essayer tout le contraire, c'est-à-dire aspirer une partie de l'air hors de la bouteille ; ceci fait, la bouteille se videra en partie, et lorsque l'air extérieur s'engouffrera pour remplir l'espace vide, il entraînera avec lui le bouchon jusqu'au fond de la bouteille.

Six et cinq font neuf

Il s'agit d'un petit casse-tête simple. Prenez onze bandes de carton, posez-en six à égale distance sur la table et demandez à l'un des membres de l'entreprise d'ajouter les cinq autres bandes et d'en faire seulement neuf. Cela se fait en plaçant six d'entre eux parallèlement les uns aux autres — les autres sont utilisés pour épeler le mot neuf.

Le centime qui disparaît

Collez un petit morceau de cire blanche sur l'ongle du majeur de votre main droite, en prenant soin que personne ne vous voie le faire. Placez ensuite une pièce de dix cents dans la paume de votre main et dites à votre public que vous pouvez la faire disparaître sur simple ordre.

Vous fermez ensuite votre main pour que la pièce de dix cents colle à l'ongle ciré. Soufflez dans votre main, faites des passes magiques et criez "Dime, va-t'en !" Ouvrez votre main si rapidement que personne ne verra la pièce de dix cents collée au dos de votre ongle et montrez votre main vide. Pour faire réapparaître la pièce de dix cents, il vous suffit de refermer votre main et de frotter la pièce de dix cents dans votre paume.

Allumer une boule de neige avec une allumette

Roulez une boule de neige et posez-la sur une assiette. Tout en roulant, veillez à glisser un morceau de camphre sur le dessus. Le camphre doit avoir à peu près la taille et la forme d'une châtaigne, et il doit être enfoncé dans la neige molle de manière à être invisible, la plus petite extrémité étant en haut, sur laquelle l'allumette doit être appliquée.

Le pois dansant

Pour ce tour, prenez un morceau de deux ou trois pouces de long d'un tuyau de pipe en terre cuite, en prenant soin qu'une extrémité soit bien égale ; avec un couteau ou une lime, creusez le trou à l'extrémité paire plus grand, de manière à former une petite coupe. Choisissez le pois le plus rond que vous puissiez trouver, placez-le dans la tasse et soufflez doucement à travers l'autre extrémité du tuyau, en rejetant la tête en arrière pendant que vous soufflez, afin de pouvoir tenir le tuyau en position verticale au-dessus de votre bouche.

Le pois montera, tombera et dansera dans sa tasse, selon le degré de force que vous utilisez pour souffler, mais vous devez faire attention à ne pas souffler trop fort, sinon vous risquez de l'emporter complètement.

La cuillère équilibrante

Placez un canif entrouvert sur le bord de la table et accrochez une grande cuillère de cuisine par son crochet au couteau, à l'endroit où la lame et le manche se rejoignent. Placez la cuillère de manière à ce que son côté intérieur (concave) soit face à la table et, après avoir balancé pendant un petit moment, le couteau et la cuillère resteront toujours en parfait équilibre. Même si vous remplissez la cuillère de sable, elle ne tombera pas, tant que le point le plus lourd se trouve sous le bord de la table.

La cuillère de cuisine est accrochée au canif entrouvert à l'endroit où se rejoignent la lame et le manche, et vous pouvez maintenant placer l'extrémité du manche du couteau sur le bout de votre doigt, sur le bord de la table ou sur le bord d'un verre qui se trouve près du bord de la table, et votre couteau et votre cuillère s'équilibreront parfaitement, sans tomber.

La force d'une goutte d'eau

Prenez une allumette et faites une encoche au milieu, pliez-la de manière à former un angle aigu et placez-la sur le goulot d'une bouteille.

Placez maintenant une pièce de dix cents ou une autre petite pièce sur l'allumette et demandez à n'importe qui de mettre la pièce dans la bouteille sans toucher ni la bouteille ni l'allumette.

C'est très facile à faire. Trempez votre doigt dans un verre d'eau, passez-le au-dessus de l'endroit où l'allumette est encochée, et laissez tomber une ou deux gouttes sur ce point. La force de l'eau fera s'écarter les côtés de l'angle, et l'ouverture deviendra ainsi suffisamment grande pour laisser tomber la pièce dans la bouteille.

L'œuf sentinelle

Cette astuce demande du soin et de la patience. Il faut poser un morceau de miroir sur une table parfaitement plane ; puis prenez un œuf fraîchement pondu et secouez-le pendant quelque temps jusqu'à ce que le blanc soit bien mélangé au jaune. Dans ces conditions, il est possible d'équilibrer l'œuf sur son extrémité et de le faire tenir debout sur le verre. Cette astuce aura plus de chances de réussir si vous êtes assez malin pour aplatir légèrement et uniformément l'extrémité, en lui donnant un léger coup insoupçonné.

Le truc des pièces de monnaie

Prenez une pièce de monnaie dans chaque main et étendez vos bras aussi loin que possible. Dites ensuite à votre public que vous ferez passer les deux pièces dans une seule main sans rapprocher vos mains. Cela se fait facilement en plaçant une pièce de monnaie sur la table, puis en tournant votre corps jusqu'à ce que la main avec l'autre pièce arrive là où elle se trouve. Vous pouvez alors facilement ramasser la pièce, et les deux seront dans une seule main, tandis que vos bras sont encore largement étendus.

Le merveilleux pendule

Si vous remplissez un verre à vin avec de l'eau et placez un morceau de papier épais dessus pour qu'aucun air ne puisse entrer, vous constaterez que vous pouvez retourner le verre sans renverser une goutte d'eau, car la pression de l'air sur le l'extérieur empêchera le papier de tomber. C'est sur ce principe que le présent pendule doit être réalisé. Prenez un morceau de carton plus grand que l'embouchure du verre ; passez un cordon dans un petit trou au centre de la carte, et fixez-le au moyen d'un nœud sur la face inférieure, puis recouvrez soigneusement le trou de cire, afin que l'air ne puisse pas entrer.

Placez votre carton sur le verre rempli d'eau, et en faisant une boucle au bout du cordon vous pourrez accrocher le verre à un crochet au plafond sans craindre qu'il ne tombe. Afin de s'assurer qu'aucun air ne puisse pénétrer dans le verre, il est judicieux d'enduire le bord de suif avant d'y poser le carton.

Les broches tournantes

Prenez un morceau d'élastique qui n'est ni recouvert de soie ni de laine, et passez au milieu de ce morceau une épingle que vous avez pliée comme indiqué sur l'illustration.

Tenez maintenant l'élastique entre le pouce et l'index de chaque main et faites-le tourner tout en l'étirant un peu. Le mouvement rapide ainsi provoqué fera ressembler la goupille tournante à un objet en verre, et si vous avez une forte lumière tombant sur la goupille et un fond sombre derrière elle, la ressemblance devient beaucoup plus forte.

Après un peu d'exercice, vous saurez ainsi représenter bien des choses : plats à fromage, vases, coupes à champagne, etc. ; et si l'épingle courbée devait tomber en position horizontale en tournant, à cause de sa forme, vous pourrez attacher une extrémité à l'élastique avec un morceau de fil blanc, qui ne gênera en aucune manière le travail.

Cette astuce a fière allure dans une pièce sombre, lorsque l'épingle est éclairée par un rayon de soleil traversant un trou dans le volet de la fenêtre.

Le bal mystérieux

Cela semble être une simple boule de bois avec un trou percé en son centre, à travers lequel passe une ficelle. La balle se déplacera légèrement le long de cette corde, mais laissez quelqu'un qui connaît le truc prendre la corde dans sa main et cela devient une tout autre affaire ; la balle se déplacera rapidement ou lentement sur commande et, si on lui demande de le faire, elle restera immobile jusqu'à ce qu'on lui ordonne de repartir.

La raison de ce comportement particulier est qu'à l'intérieur de la balle se trouvent deux trous, l'un étant assez droit, tandis que l'autre est courbé et sort du trou droit.

C'est par ce passage courbe que passe la corde, et l'on voit aisément que pour régler les mouvements de la balle, il suffit de tenir la corde plus ou moins serrée. Si vous tenez le cordon parfaitement tendu, la balle ne pourra pas bouger du tout. Le ballon peut être acheté dans n'importe quel grand magasin.

L'homme avec la tête dans le mauvais sens

Mettez un manteau et un gilet pour qu'ils s'attachent derrière. Fixez ensuite un masque sur l'arrière de la tête et une perruque sur le visage. L'effet est très curieux.

Pour trouver un objet avec les yeux bandés

Pour jouer ce tour, vous devez mettre un de vos amis en confiance. Empruntez une montre et mettez-la dans votre poche, puis demandez à votre public de s'asseoir au fond de la pièce, de bander les yeux de votre ami et de le conduire dehors. Maintenant, dites : " Mesdames et messieurs, si vous me donnez un petit objet à cacher, je promets que l'aveugle le trouvera, même si je ne lui dirai même pas ce qu'il doit chercher et que je baisserai le gaz. de sorte que si le bandage glisse, il ne pourra toujours pas voir. Une clé, un crayon ou tout petit objet vous ayant été remis, baissez le gaz et procédez à cacher l'objet, au fond de la pièce, en mentionnant où vous l'avez mis, mais sans mentionner que vous avez placé la montre à proximité. il. Vous demandez ensuite « Silence », faites entrer l'aveugle et lui demandez de commencer sa recherche. Il se laisse guider, bien entendu, par le tic-tac de la montre, et sait que ce qu'il trouve à proximité est l'objet caché. Lorsqu'il appelle « Trouvé », il doit glisser la montre dans sa poche. Vous mettez ensuite le gaz et demandez tranquillement à votre public s'il ne pense pas que votre ami est un homme très intelligent ?

Ombres chinoises

Voici une manière simple de réaliser des images d'ombres : Placez une bougie sur la table et fixez un morceau de papier blanc au mur à la même hauteur du sol que la lumière. Placez maintenant un objet non transparent, comme par exemple un grand livre, entre la bougie et le papier, et d'un côté de la table placez un miroir de manière à ce qu'il reflète la lumière de la bougie sur le papier posé dessus. mur. Si vous placez maintenant des petites figurines en carton entre la bougie et le miroir, une ombre sera projetée sur le papier blanc et vous pourrez déplacer vos figurines à votre guise.

Ombres à main

Il est très difficile d'expliquer comment ces ombres doivent être réalisées, mais vous devez garder à l'esprit qu'il est nécessaire de se tenir entre la lampe et le mur et d'étendre les bras pour que l'ombre de votre corps ne gêne pas le mouvement. imaginez les ombres que vous avez l'intention de créer avec vos mains. Les illustrations données vous montreront comment créer deux très bonnes images d'ombres, mais le plaisir du jeu est que plusieurs personnes inventent leurs propres images et voient qui peut réussir à faire la meilleure.

Le jeu des ombres

Pour ce jeu, vous avez besoin qu'un drap blanc soit accroché au fond de la pièce. Ensuite, les « faiseurs d'ombres » prennent place sur des tabourets bas derrière le drap. Il ne doit y avoir qu'une seule lampe dans la pièce, qui doit être placée à environ six ou sept pieds derrière les « faiseurs d'ombres ». Ensuite, les « faiseurs d'ombres » se drapent de châles ou de tout autre objet pratique et prennent place de manière à ce que leurs ombres soient projetées sur le drap. Ils doivent bien entendu essayer de se déguiser, afin que les « chercheurs d'ombres » ne puissent pas deviner leur identité. En dénouant les cheveux et en les laissant tomber sur le visage, une fille peut ressembler à un homme avec une barbe ; plier le doigt sur le nez donne un nez crochu très bizarre dans l'ombre et modifie entièrement l'apparence du visage. Se couvrir d'un drap puis étendre les bras donne l'apparence d'une grosse chauve-souris. Dès que l'identité d'un « faiseur d'ombres » a été devinée, il doit prendre sa place en tant que « chercheur d'ombres », et celui qui l'a deviné devient un « faiseur d'ombres ». La pénalité d'un regard derrière le drap de la part du « chercheur d'ombre » est de payer un forfait.

Pensez à un numéro

Dites à quelqu'un de penser à n'importe quel nombre qui lui plaît, mais de ne pas vous dire de quoi il s'agit. Dites-lui alors de le doubler. Lorsqu'il aura fait cela, qu'il y ajoute un nombre pair, que vous lui donnerez. Après cela, il doit diviser le tout par deux, puis, de ce qui reste, retirer le nombre auquel il a pensé en premier. Lorsque cela sera fait, s'il a bien compté, vous pourrez lui donner le reste exact, qui sera simplement la moitié du nombre pair que vous lui aurez dit d'ajouter au sien.

Ombres vivantes

Pour les réaliser, vous devez vous placer dans un coin de la pièce, près d'un miroir. Que quelqu'un tienne une lumière derrière vous, afin que l'ombre de votre tête et de vos épaules soit projetée sur le mur, et aussi que la lumière réfléchie par le miroir tombe exactement au même endroit que l'ombre de votre tête.

Si le miroir est maintenant recouvert d'un morceau de papier épais dans lequel sont découpés deux yeux, un nez et une bouche, l'effet montré dans le dessin sera produit. Afin de rendre l'ombre encore plus réaliste, découpez deux morceaux de papier, fixez-en un sur le miroir et déplacez l'autre dessus. De cette manière, les yeux et la bouche de l'ombre peuvent bouger.

Devinez les deux extrémités d'une ligne de dominos

Pour ce tour, il faut tout un jeu de dominos, le magicien prenant soin d'en cacher un, et non un double, dans sa poche. Les dominos restants seront mélangés et placés selon les règles ordinaires des jeux de dominos, et l'interprète s'engage à dire, sans les voir, les deux nombres formant les extrémités de la ligne, établie pendant son absence de la salle. Les numéros aux extrémités de la ligne de dominos seront exactement les mêmes que les numéros sur le domino que l'artiste a dans sa poche. Si on lui demande de répéter le tour, il doit s'assurer de changer le domino caché, sinon il risque d'être découvert.

Connaître l'âge de n'importe quelle personne

Préparez un jeu de cartes en faisant une copie des tableaux donnés ici. Remettez-les à la personne dont vous souhaitez connaître l'âge et demandez-lui de nommer les cartes sur lesquelles figure son âge.

Si vous additionnez ensuite le premier chiffre de chacune des cartes qu'il nomme, le total sera l'âge requis.

Carte n°1		Carte n°2		Carte n°3		Carte n°4		Carte n°5		Carte n°6	
1	29	2	30	4	30	8	28	16	28	32	44
3	31	3	31	5	31	9	29	17	29	33	45
5	33	6	34	6	36	dix	30	18	30	34	46
7	35	7	35	7	37	11	31	19	31	35	47
9	37	dix	38	12	38	12	40	20	48	36	48
11	39	11	39	13	39	13	41	21	49	37	49
13	41	14	42	14	44	14	42	22	50	38	50
15	43	15	43	15	45	15	43	23	51	39	51
17	45	18	46	20	46	24	44	24	52	40	52
19	47	19	47	21	47	25	45	25	53	41	53
21	49	22	50	22	52	26	46	26	54	42	54
23	51	23	51	23	53	27	47	27	55	43	55

25   53   26   54   28   54

27   55   27   55   29   55